2014年3月8日，民盟云南省委、省妇联、省检察院、省女检察官协会、民盟云南省直属律师一支部到云南省第三女子监狱举行联合帮教，图为文艺演出后合影。

2014年3月8日，省检察院、民盟云南省直属律师一支部律师在云南省第三女子监狱举行联合帮教，图为法律咨询现场。

2014 年 3 月 8 日，民盟云南省委、省妇联、省检察院、民盟云南省直属律师一支部到云南省第三女子监狱举行联合帮教，图为帮教团队合影。

2015 年 3 月 8 日，民盟云南省委、省妇联、省检察院女检察官协会、民盟昆明市委到云南省第三女子监狱举行“阳光路上·关爱同行”联合帮教活动。

2015 年 7 月 8 日，民盟云南省直属律师一支部与昆明市盘龙区第一看守所合作共建的“黄丝带帮教基地”在盘龙区第一看守所举行启动仪式。

2015 年 7 月 8 日，民盟云南省直属律师一支部盟员律师到昆明市盘龙区第一看守所进行帮教活动。

2015 年 7 月 30 日，民盟云南省委到云南省第一女子监狱进行帮教活动。

2015 年 7 月 30 日，民盟云南省委与云南省第一女子监狱共建的“黄丝带帮教基地”在云南省第一女子监狱举行揭牌仪式。

2015 年 7 月 30 日，民盟云南省委与云南省第一女子监狱共建的“黄丝带帮教基地”挂牌仪式在云南省第一女子监狱举行，图为文艺演出后合影。

时任民盟中央副主席、云南省政协副主席、民盟云南省委主委倪慧芳出席云南省未成年犯管教所“黄丝带帮教基地”揭牌仪式。

2016年3月8日，民盟云南省委联合省监狱管理局分别在省女一监、省未管所、女三监、小龙潭监狱和曲靖监狱同步举行“心怀梦想 走向新生”庆祝“三八”国际劳动妇女节联合帮教活动。

2016年3月8日，民盟云南省委联合省监狱管理局分别在省女一监、省未管所、女三监、小龙潭监狱和曲靖监狱同步举行“心怀梦想 走向新生”庆祝“三八”国际劳动妇女节联合帮教活动，图为文艺演出现场。

2016年3月8日，民盟云南省直属律师一支部盟员律师在云南省第一女子监狱进行帮教活动。

2016年6月2日，民盟云南省直属律师一支部主委、云南冰鉴律师事务所主任陈维镖律师为省第一女子监狱服刑人员做“崇尚科学　反对邪教”专题讲座。

2017年3月8日，民盟云南省委、云南省第二女子监狱“黄丝带帮教基地”揭牌仪式暨庆祝“三八”妇女节“书香监狱沐春风 社会帮教助改造”联合帮教活动在云南省第二女子监狱举行。

2017年3月8日，民盟云南省委向云南省第二女子监狱捐赠民乐乐器及书籍。

2017年3月8日，民盟云南省委盟员艺术家们为云南省第二女子监狱的服刑人员带来了独奏《竹林深处》、女生二重唱《阳光路上》等文艺表演。

2017年3月8日，民盟云南省直属律师一支部主委、云南冰鉴律师事务所主任陈维镖律师率领的盟员律师团队携手云南省女检察官协会5名检察官，为29名女服刑人员就定罪量刑、婚姻家庭、子女抚养、财产分割、减刑假释、刑释就业等法律焦点和现实问题进行现场咨询。

2017 年 4 月 26 日，民盟云南省委邀请云南省第一人民医院妇科副主任医师自四川省成都市到云南省第一女子监狱为部分干警和服刑人员开展健康知识讲座。

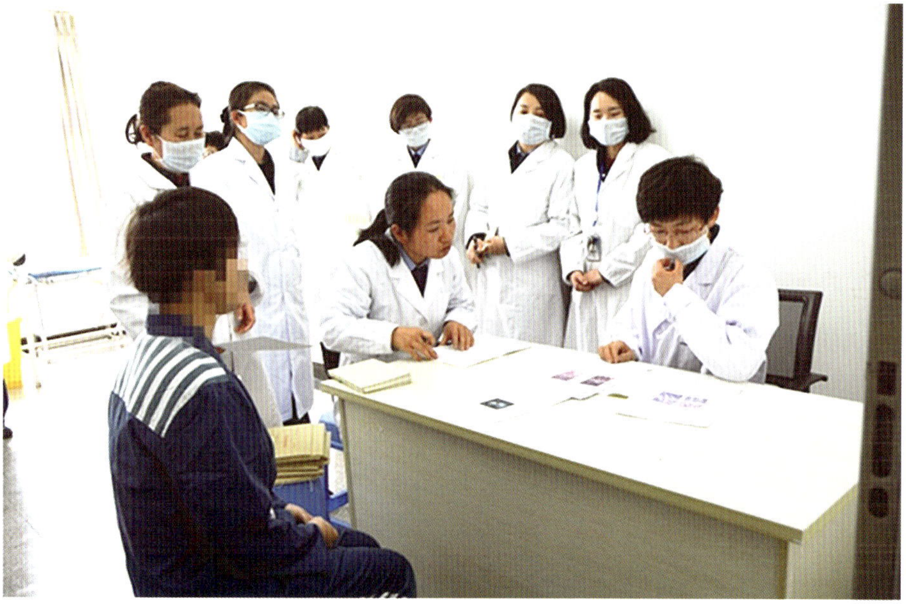

2017 年 4 月 26 日，民盟云南省委邀请云南省第一人民医院妇科副主任医师自四川省成都市到云南省第一女子监狱对部分干警和服刑人员开展疑难病例诊疗指导活动。

2017年4月28日，民盟云南省直属律师一支部、云南冰鉴律师事务所、小板桥司法所合作共建的“两类”人员帮教工作室在官渡区小板桥街道办正式揭牌。

2017年5月21日下午，阳光灿烂，民盟大理州委“黄丝带帮教行动”道德讲堂在大理监狱教育中心广场进行。

2017 年 5 月 21 日，民盟云南省直属律师一支部主委、云南冰鉴律师事务所主任陈维镖律师为服刑人员开展“黄丝带帮教行动”专题讲座。

2017 年 8 月 17 日，民盟云南省直属律师一支部主委、云南冰鉴律师事务所主任陈维镖律师率领的盟员律师团队到云南省第二女子监狱为服刑人员提供“一对一”的咨询。

图为法律咨询现场。

2017年9月27日，民盟云南省委聘请李之、罗建勋两位专业教师，分别进入不同监区对服刑人员开展非洲手鼓、腰鼓、尤克里里现场教学指导。

图为教学现场。

2017 年 11 月 16 日，民盟云南省委常委、云南冰鉴律师事务所主任陈维镖律师为云南省普文监狱服刑人员做主题为“守法明德感恩 重塑幸福人生”法律知识讲座。

2017年12月1日，民盟云南省委特别邀请了云南省疾病预防控制中心专家到云南省第一女子监狱为服刑人员授课。

2018年5月11日，在西双版纳监狱开展“重生·回报慈母恩”为主题的亲情帮教活动。

图为服刑人员与母亲相拥而泣。

2018年8月10日下午，民盟大理州委“黄丝带帮教行动”之“道德大讲堂”和“法律咨询”活动走进大理监狱，陈维镖律师为一千余名服刑人员做“重塑人生 让心归零”为主题的讲座。

2018年8月10日下午，民盟大理州委“黄丝带帮教行动”之“道德大讲堂”和“法律咨询”活动走进大理监狱，民盟云南省直属律师一支部律师为服刑人员进行法律咨询。

飘进高墙的

黄丝带

陈维镖◎主编

群言出版社
QUNYAN PRESS
·北京·

图书在版编目（CIP）数据

飘进高墙的黄丝带 / 陈维镖主编． -- 北京 ： 群言出版社，2018.11

ISBN 978-7-5193-0466-9

Ⅰ．①飘… Ⅱ．①陈… Ⅲ．①社区—监督改造—中国—学习参考资料②犯罪分子—监督改造—中国—学习参考资料 Ⅳ．①D926.7

中国版本图书馆 CIP 数据核字（2018）第 247364 号

策划编辑：张春燕
责任编辑：王　聪
封面设计：烁点文创　逸品书装

出版发行：群言出版社
地　　址：北京市东城区东厂胡同北巷 1 号（100006）
网　　址：www.qypublish.com（官网书城）
电子信箱：qunyancbs@126.com
联系电话：010-65267783　65263836
经　　销：全国新华书店

印　　刷：北京柏力行彩印有限公司
版　　次：2018 年 11 月第 1 版　2018 年 11 月第 1 次印刷
开　　本：710mm × 1000mm　1/16
印　　张：13.5　插页 16
字　　数：207 千字
书　　号：ISBN 978-7-5193-0466-9
定　　价：49.80 元

序

“黄丝带帮教行动”是由民盟中央和司法部联合发起的帮教工作平台，构建政府、社会、家庭三位一体关怀帮扶体系，是针对安置帮教对象、看守所在押人员、社区矫正人员、服刑人员等特殊人群开展的关怀、帮扶、教育和救治的计划。自2012年7月以来，民盟云南省委充分发挥党派人才优势，将该项社会服务活动当作履行党派职能、开展社会服务的重要抓手，多次联合看守所、监狱、社区开展了法制讲座、法律咨询、法律援助、心理疏导和专家讲座等，以点带面，示范延伸，并逐步建立长效合作机制、活动开展机制和盟内交流协作机制，提高特殊人群帮教工作社会化水平，彰显帮教工作社会效益。

在我国，看守所和监狱的在押犯罪嫌疑人、被告人和罪犯（本书将称为在押人员或服刑人员）是一个特殊的群体，在法律上处于被追究或被惩罚改造的地位，人身权利受到限制或被剥夺，但他们也是公民，在必须履行宪法和法律规定的义务的同时也应享受宪法和法律赋予的权利。

针对部分在押人员文化程度偏低，对法律知识不了解，一旦身陷囹圄便觉得自己无可救药，有的甚至自暴自弃的情况，本书对在押人员进行法制教育和心理引导，以“救人先救心”的理念，使其建立和谐人际关系。在押人员在被羁押监管期间，有必要学习法律、心理健康知识，而本书亦可满足这一需要。

在押人员学法、知法、懂法、守法、用法，不仅有利于在押人员依法维护自身合法权益，也有利于在押人员履行法定义务，保证刑事诉讼、刑罚执行的顺利进行。而保障在押人员的身心健康，促进在押人员的教育转化也是看守所及监狱面临的重要职责之一，预防和矫治在押人员心理上的疾病，净化在押人员的心灵，促进在押人员认罪伏法、悔过自新，有的放矢地进行教育改造，不仅是配合刑事诉讼、刑罚执行的需要，也是保障监所安全所必需。

本书由民盟具有丰富从业经验的执业律师、心理咨询师编写，一方面，以法律法规为依据，对与在押人员有关的法律知识进行了详细解释；另一方面，向在押人员介绍心理健康的基本常识，让在押人员调整心态，改变认知，适应环境，理性维权。具有简明扼要、通俗易懂、实用性强等特点，必将为打造民盟“黄丝带”品牌，促进社会和谐稳定起到积极的推动作用。

我们相信，本书不仅会受到在押人员的喜爱，也会受到监管部门的欢迎，希望它在增强在押人员的法律意识、预防和矫治在押人员心理上的疾病、净化在押人员心灵、理性维护自身合法权益、促进监所管理和办案工作等方面发挥积极的作用。本书以在押人员为主要对象，可供在押人员自学使用，亦可供监管民警、办案人员学习和参考。

编　者

目 录

第一章

飘进高墙的黄丝带

第一节　黄丝带的典故

这是一个 20 世纪 60 年代发生在美国的真实故事。

在一个秋天的午后，一辆满载乘客的巴士，缓缓地行驶在佐治亚州省道上。车上大部分是年轻人，也是自认“嬉皮”的新一代。他们抱着吉他，唱着轻快的流行歌曲，在车上又叫又闹。司机也感受到巴士上的欢快气氛，愉快地哼着披头士的歌曲。

在车尾的座位，坐着一个沉默的中年男子，他似乎很忧郁，又很焦虑，频频望着车窗外的景象，仿佛没有注意到车上的欢乐气氛，也显得与众人格格不入。

再过四十分钟，就要到下一站了，车上的人们按捺不住快乐归乡的心情，连看不惯嬉皮士的老人家也都咧开嘴笑起来。就要到家了，一个绑着马尾辫的年轻女孩走到后座，递给中年人一杯冰啤酒，说道：“就快到家咯，你好像不是很开心的样子，怎么啦？”

那个沉默的中年人摸了摸满是青色胡碴的脸庞，说了声谢谢，看了看窗外，转头回来对那年轻女孩说：“嗯，我不晓得是不是会在下一站下车，可能还会继续坐下去吧。”“哦？什么意思啊？”女孩好奇地问道。“是这样的，其实我刚刚服完三年刑期，这是我第一次回家。三年前，我开的一家商店因为经营不善，加上经理恶意欺瞒，使我背上一大笔债，不得不宣布破产倒闭，法院判我三年有期徒刑。今天刑期刚满，我才坐上这班巴士，往家的方向行，如果……我还有家可回。”

车上的人都安静下来，弹吉他的人也放下吉他，一群人都围了过来，和年轻女孩一起聆听这个满脸沧桑的中年男子的故事。

“在两个礼拜前，我写了一封信给我的妻子，告诉她我就快出狱了，可是我又不确定经过这三年，她的生活是否起了什么大变化，她是否还能接受这样的我。我在信上写着：如果我还能回到你的身边的话，如果你还能接受我的话，就在要进入镇里必经的那棵最大的老橡树上绑一条黄丝带，这样，我坐巴士进镇的时候就会看到，如此一来我就知道你还要我；但是，如果我没有看到老橡树上有黄丝带的话，我就会待在车上不下车，继续往下一站去，忘掉我俩过去的一切，默默为你祝福。”

此时，车上的乘客都被这个中年男子的故事感动了，也才知道他为什么一副沉默忧虑的样子，因为一条黄丝带就能决定他往后的一切。司机也听到这个事情，心情不由得沉重起来，要是没有看到老橡树上有黄丝带的话……

随着时间消逝，车子越来越接近小镇了，这个男人开始不安起来，视线也不敢再往窗外望去。几个人坐到他旁边鼓励他，可是又不知道该说些什么才好。车上所有乘客都睁大双眼，不约而同地望向窗外，搜寻着黄丝带的踪迹。好奇的他们也想知道这男子未来的命运。男人低着头，踌躇地看着地板……

突然，整辆巴士寂静无声，接着大家都又唱又叫起来，几个年轻人冲过来抱着中年男子，兴奋激动地指着窗外叫他往外看！

他转过几乎僵硬的脖子往镇上的方向看去，他看到了一条黄丝带，不……不……两条、三条、四条……成百上千的黄丝带挂满了老橡树，连旁边的树上也都密密麻麻地系上了耀眼的黄丝带！

70 年代，欧文·列凡恩和 L. 热塞尔·布朗用这个故事创作了一首民谣歌曲。这首民谣本身就带着一种浓浓的思念之情，带着对爱人的想念，又带着淡淡的忧伤和忐忑的心情。当我们真正进入这首歌的音乐时空，仿佛故事中发生的景象就在眼前一般，像主人那样辗转反侧，像孤独的旅人等待那盏归家的引航灯。可是路途遥遥，对即将到来要面对的一切，既充满了期待，又害怕。对故乡的怀念，对爱人的思念，不知道那片土地是否还有自己的位置，那心爱之人是否已经转身离开。

这首歌一经问世，大受欢迎，成为当年最受欢迎的歌曲。从此黄丝带的故事，随着音乐迅速流传到世界各地，并在美国成为一种风俗：在家门前的树上系上黄丝带，以欢迎久别归来的亲人。黄丝带也因此成了思念和期待的象征，是亲人离散后的求助标志，也是为亲人祈祷的祝福标识。黄丝带象征着：思念、祈福、希望、盼望亲人平安。

TIE A YELLOW ROUND THE OLE OAK TREE

老橡树上的黄丝带

[美]欧文 · 列凡恩 词曲
[美]L.热塞尔 · 布朗
薛 范译配

1＝F $\frac{2}{2}$

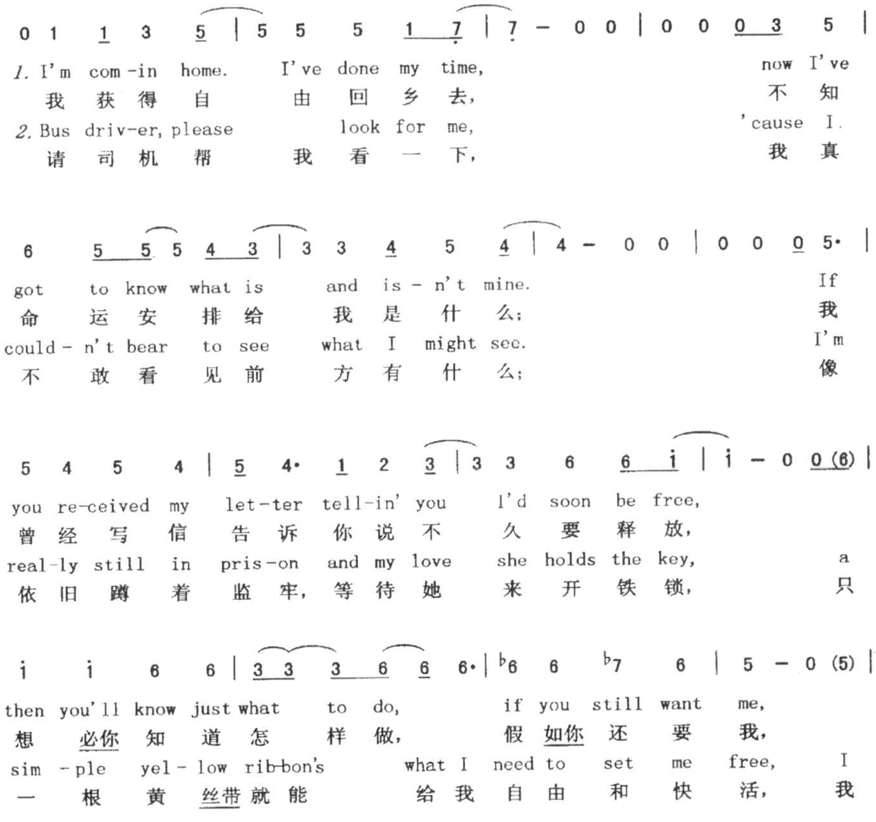

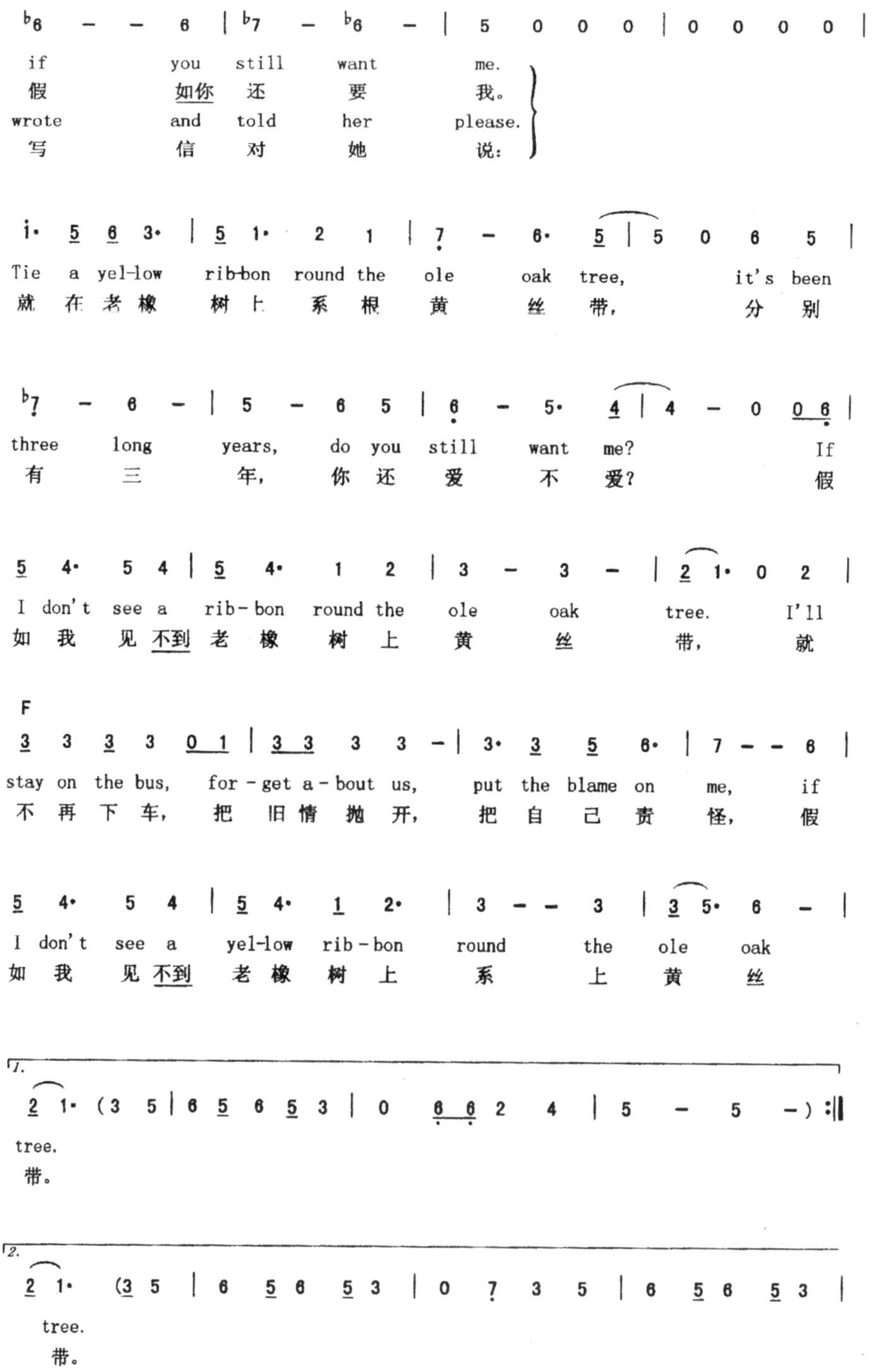

if you still want me.
假如你还要我。
wrote and told her please.
写信对她说：
F
Tie a yel-low rib-bon round the ole oak tree, it's been
就在老橡树上系根黄丝带，分别
three long years, do you still want me? If
有三年，你还爱不爱？假
I don't see a rib-bon round the ole oak tree. I'll
如我见不到老橡树上黄丝带，就
stay on the bus, for-get a-bout us, put the blame on me, if
不再下车，把旧情抛开，把自己责怪，假
I don't see a yel-low rib-bon round the ole oak
如我见不到老橡树上系上黄丝
1.
tree.
带。
2.
tree.
带。

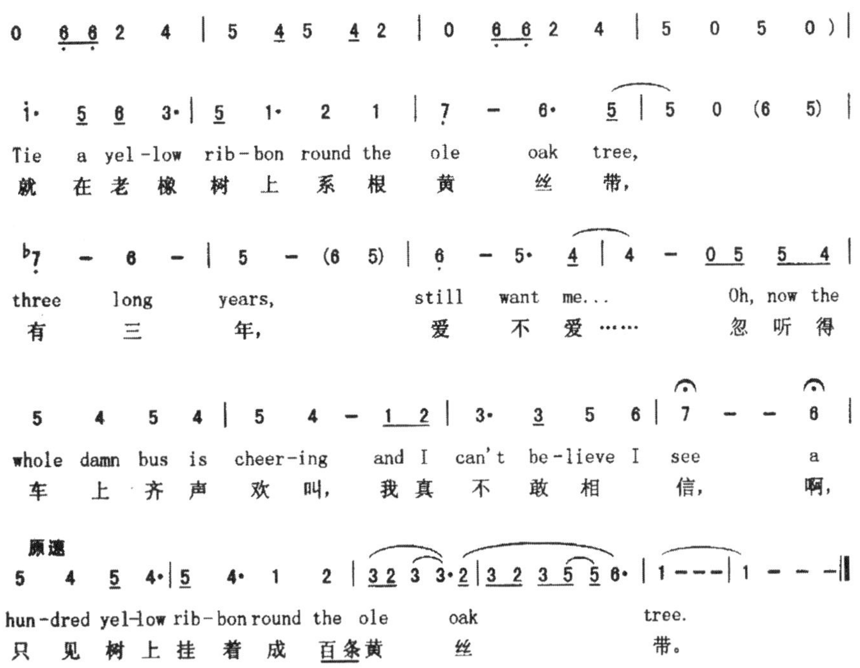

1917 年 10 月 14 日，《纽约邮报》刊登了一篇小说：长途汽车上坐着一个沉默不语的男子，在同车乘客的盘问下终于开了口。原来他刚从监狱出来，释放前他曾写信给妻子：如果她已另嫁人，他也不责怪她；如果她还爱着他，愿意他回去，就在镇口的老橡树上系一根黄丝带……长途汽车快到目的地了，远远望去，镇口的老橡树上挂着几十条，也许是上百条黄丝带。车上所有的乘客都欢呼起来。

Irwin Levine（欧文 • 列凡恩）和 L.Russell Brown（热塞尔 • 布朗）将这一故事写成了歌曲，请“拂晓”（Dawn）演唱组的主唱手 Tony Orlando（托尼 • 奥兰多）录唱。歌曲在 1973 年 8 月登上了榜首，持续 4 周，并获金唱片。

由于这个动人的故事和歌曲的广泛流传，黄丝带在美国成了“欢迎被囚禁的人获得自由”的标志。70 年代末，被伊朗扣留 444 天的美国人质回国；1990 年，海湾战争爆发前，被伊拉克扣留的西方人质回国，都受到满城黄丝带的欢迎。

这首歌曲在世界各国由无数歌手、演唱组合或乐队录制了 1000 多种唱片版本，仅次于披头士的《昨天》。

第二节　云南民盟的“黄丝带”

2007年，民盟中央在全盟社会服务工作研讨会上提出：要在前期工作的基础上，积极稳妥地在全国30个省、市自治区盟组织逐步开展帮教工作。

2013年11月，民盟社会服务工作暨“黄丝带帮教计划”研讨会在成都召开。会上提出，今后一个时期，要以开展“坚持和发展中国特色社会主义学习实践活动”为契机，统筹考虑社会服务工作，特别是要加强对司法帮教工作途径和方式的积极探索和实践，把“黄丝带帮教计划”打造成民盟社会服务工作的新品牌。

“黄丝带”寓意接纳、宽容、爱心和感恩，“黄丝带帮教计划”旨在联合社会力量，依托司法行政系统帮教工作平台，发挥民盟在教育、科技、文化、卫生、法律等方面的人才和资源优势，针对安置帮教对象、社区矫正人员、吸毒人员等特殊人群，开展关怀、帮扶、教育，提高特殊人群帮教工作社会化水平，彰显帮教工作社会效益。

为响应民盟中央号召，积极探索对特殊人群关怀帮扶体系的建立，2014年8月、9月，民盟云南省委领导班子就做实做强“黄丝带帮教计划”对省女三监、省监狱管理局进行专题调研，并就联合开展“黄丝带帮教计划”与省司法厅相关处室进行调研座谈，旨在从不同层面进一步了解云南司法部门的帮教需求，再结合云南民盟的实际情况，在全省条件成熟的州市开展“黄丝带帮教计划”，为社会对特殊人群关怀帮扶体系的建立做积极有益的探索，为社会的和谐稳定发挥民盟积极作用。

2015年7月8日下午，由民盟云南省直属律师一支部与昆明市盘龙区第一看守所合作共建的“云南民盟黄丝带帮教基地”在盘龙区第一看守所举行启动仪式。此后，“黄丝带帮教基地”在全省州市如雨后春笋般涌现，昆明、红河、版纳、大理、曲靖、昭通、文山等盟组织纷纷与当地所在监狱建立帮教基地、签订帮教协议，开展各类特色的帮教活动。“黄丝带帮教基地”在昆明率先建立，“黄丝带”火苗在全省高墙内相继点燃，遂成燎原之势。据统计，至2016年2月，“黄丝带帮教基地”已经建立16个，仅2015年在全省监狱系统新建的“黄丝带帮教基地”就有12个，民盟云南省委“黄丝带帮教计划”工作受到民盟中央的肯定和司法部门的赞誉。

所谓社会联合帮教，是指对看守所在押人员、监狱中服刑改造未被剥夺政治权利的人员、戒毒人员和刑满释放解除劳动教养回归社会人员及社会上有轻微违法犯罪行为人员这样一个特殊群体，采用特殊的形式和措施，进行说服、规劝等帮助教育，防止其重新违法犯罪，提高和巩固教育改造质量，维护社会治安秩序的一种社会管理活动，也是民盟开展“黄丝带”活动的重要内容之一。

近年来，民盟云南省委积极探索帮教工作的新途径、新方法，整合盟内外资源，搭建社会联合帮教平台，动员一切社会力量广泛开展联合帮教，突显了联合帮教的社会效益。2015年11月，民盟云南省委在云南省未成年犯管教所建立“黄丝带帮教基地”。帮教基地将发挥民盟和云南师范大学的人才优势，依托未管所工作平台，针对未成年服刑人员需求，以法律援助、心理咨询、专家讲座等形式开展多种帮教活动。这是继2015年3月民盟省委在省女一监举办大型帮教活动之后，民盟云南省委联合社会力量共同开展“黄丝带帮教计划”的又一成功案例。

多年来，民盟云南省委为有效推动“黄丝带帮教计划”工作有序开展，民盟省委领导班子多次深入监区开展调研，积极探索帮教有效形式，针对帮教特殊群体开展了一系列与之相适应的帮教形式，丰富了帮教工作实质内容，彰显黄丝带帮教工作实效。一是在建设基地的同时，加大与相关部门的联合，扩大工作范围，协调、指导有条件的盟组织开展“黄丝带走进社矫中心”“黄丝带走进村居社区”“黄丝带走进安置中心”等活动。2015年9月，民盟云南省委“黄丝带帮教示范基地”、云南省司法厅社区矫正和刑释人员（简称“两类”人员）帮教示范基地正式揭牌。2017年4月28日，民盟云南省直属律师一支部、云南冰鉴律师事务所、小板桥司法所合作共建的“两类”人员帮教工作室在官渡区小板桥街道办正式揭牌，该工作室的建立是民盟基层组织积极响应盟省委号召，参与“黄丝带帮教行动”的一项重要举措和具体实践；二是针对服刑人员内心迷茫、法律知识欠缺等情况，民盟云南省委多次邀请盟员专家进监区开展各类心理讲座、法律咨询活动。据统计，仅2015年就开展了各类专题讲座15场，邀请盟员法律专家走进高墙，一对一为服刑人员提供法律咨询服务13场，极大改善了帮教对象的内心状态，增加了自信；三是针对帮教基地“三无”女服刑人员，开展了送生活用品、向监狱捐赠医疗器材、捐赠图书等活动；四是联合社会力量，开展文艺演出、法律服务进监区等活动。据统计，2015年，共帮教服刑人员5500多人次、法律咨询310人次、心理咨询23人次；帮教看守所在押人员1800人次、法律咨询520人次。

经过多年打造，“黄丝带帮教计划”已在彩云之南全面铺开，全省呈现出上下联动、横向互动、全面推动的良好局面。据统计，自2009年云南民盟开展帮教工作以来，全省共开展监内各类帮教活动50余场次，帮助服刑人员12000余人次，干警2000余人次，“黄丝带”帮教已经成为云南民盟社会服务新品牌。民盟云南省委领导表示，下一步，民盟云南省委将会进一步巩固“黄丝带”帮教成果，继续扩大“黄丝带”帮教成绩。开展帮教活动的全省12个（省、州、市）盟组织和广大盟员也将砥砺前行，用爱心、用行动书写一个个启迪良知、拯救灵魂的故事，让“黄丝带”在云南的高墙内继续飘扬。

第二章

犯罪与刑罚问题解答

一、什么是犯罪?

一切危害国家主权、领土完整和安全，分裂国家、颠覆人民民主专政的政权和推翻社会主义制度，破坏社会秩序和经济秩序，侵犯国有财产或者劳动群众集体所有的财产，侵犯公民私人所有的财产，侵犯公民的人身权利、民主权利和其他权利以及其他危害社会的行为，依照法律应当受刑罚处罚的，都是犯罪；但是情节显著轻微危害不大的，不认为是犯罪。

根据《中华人民共和国刑法》(以下简称《刑法》)关于犯罪概念的规定，犯罪具有以下几个特征：

1. 具有社会危害性。

2. 具有刑事违法性。

3. 具有应受刑罚惩罚性。

构成犯罪，必须具备四个基本要件，即犯罪的客体、犯罪的客观方面、犯罪的主体、犯罪的主观方面。

1. 犯罪的客体，是指犯罪行为侵犯的、中国刑事法律所保护的社会关系。任何犯罪都必然要侵犯某一客体，不侵犯客体的犯罪是不存在的。例如，销售假药罪，侵犯的客体是国家对药品的监督管理制度以及公民的健康权利。如果侵犯的不是刑事法律所保护的社会关系，如合同关系，就不构成犯罪。

2. 犯罪的客观方面，是指刑法所规定的犯罪活动的客观事实特征，包括危害社会的行为、危害后果及其因果关系等。危害社会的行为包括作为和不作为。作为是指不当为而为的积极行为，即实施法律所禁止的行为，如杀人。不作为是指当为而不为的消极行为，是指行为人有条件、有义务实施某些行为而不实施，以至于使刑法所保护的客体受到严重危害的行为，如玩忽职守。

3. 犯罪的主体，是指实施犯罪行为依法应当承担刑事责任的自然人或者单位。第一，关于自然人，《刑法》规定，只有达到一定年龄并且精神正常的人，才能成为犯罪的主体；第二，关于单位犯罪主体，是指为牟取单位的非法利益，由单位负责人或者经单位集体讨论决定，实施了《刑法》明文规定的单位犯罪的公司、企业、事业单位、机关团体，其中包括法人单位和非法人单位。《刑法》对单位犯罪基本上实行两罚制，既处罚单位，比如判处罚金，又处罚直接负责的主管人员和其他直接责任人员。只有法律有明文规定的，才实行单罚制。

4. 犯罪的主观方面，是指《刑法》规定的成立犯罪必须具备的犯罪主体对其实施的危害行为及其危害后果所持的心理态度，包括犯罪的故意、犯罪的过失、犯罪的目的和动机。犯罪的故意是指明知自己的行为会发生危害社会的结果，并且希望或者放任这种结果发生的心理态度，分为直接故意和间接故意。犯罪的过失是指应当预见自己的行为可能发生危害社会的结果，因为疏忽大意而没有预见，或者已经预见而轻信能够避免，以致发生这种结果的心理态度，分为疏忽大意的过失和过于自信的过失。

二、什么是刑罚？

刑罚是由国家最高立法机关在《刑法》中确定的，由人民法院对犯罪分子适用并由专门机构执行的最为严厉的国家强制措施。根据《刑法》规定，刑罚分为主刑和附加刑。

1. 主刑。这是对犯罪分子适用的主要刑罚方法，只能独立适用，不能附加适用，对犯罪分子只能判一种主刑。主刑分为管制、拘役、有期徒刑、无期徒刑和死刑。

2. 附加刑。这是既可以独立适用，又可以附加适用的刑罚方法，即对同一犯罪行为既可以在主刑之后判处一个或两个以上的附加刑，也可以独立判处一个或两个以上的附加刑。附加刑分为罚金、剥夺政治权利、没收财产。对犯罪的外国人，也可以独立或者附加适用驱逐出境。

此外，《刑法》还规定了非刑罚的处理方法，即对犯罪分子判处刑罚以外的其他方法。包括：由于犯罪行为而使被害人遭受经济损失的，对犯罪分子除刑事处罚外，判处赔偿经济损失；对于犯罪情节轻微不需要判处刑罚的，根据情况予以训诫或者责令其反省悔过、赔礼道歉，赔偿损失，或者由主管部门给予行政处罚或者行政处分。

三、刑事责任

（一）什么是刑事责任？

刑事责任，是依据国家刑事法律规定，对犯罪分子依照刑事法律的规定追究的法律责任。刑事责任与行政责任不同之处：一是追究的违法行为不同：追究行政责任的是一般违法行为，追究刑事责任的是犯罪行为；二是追究责任的机关不同：追究行政责任由国家特定的行政机关依照有关法律的规定决定，追究刑事责任只能由司法机关依照《刑法》的规定决定；三是承担法律责任的后果不同：追究刑事责任是最严厉的制裁，可以判处死刑，比追究行政责任严厉得多。依照《刑法》的规定，刑罚包括主刑和附加刑两种。

（二）刑事责任与犯罪刑罚的关系？

1. 犯罪是刑事责任产生的法律事实根据，没有犯罪就不可能有刑事责任；刑事责任是犯罪的必然法律后果，只要实施了犯罪，就不能不产生刑事责任，这体现了犯罪与刑事责任的质的一致性。同时由于各种犯罪的严重程度不同，犯罪人承担的刑事责任程度也不相同。

2. 刑事责任与刑罚是两个不同的概念。二者的主要区别在于：

（1）刑事责任是一种法律责任，是一种刑事法意义上的负担，刑罚则是一种强制方法。

（2）刑事责任是以犯罪人承受《刑法》规定的惩罚或单纯的否定性法律评价为内容，刑罚则是以剥夺犯罪人一定的法益为内容。

（3）刑事责任随实施犯罪而产生，刑罚则随法院的有罪判决生效而出现，但二者具有密切的关系。它表现在：刑事责任的存在是适用刑罚的前提；刑事责任的大小决定刑罚的轻重；刑事责任主要通过刑罚而实现。

（三）哪些情况可不追究刑事责任？

有下列情形之一的，不追究刑事责任，已经追究的，应当撤销案件，或者不起诉，或者终止审理，或者宣告无罪：

（1）情节显著轻微、危害不大，不认为是犯罪的。

（2）犯罪已过追诉时效期限的。

（3）经特赦令免除刑罚的。

（4）依照刑法告诉才处理的犯罪，没有告诉或者撤回告诉的。

（5）犯罪嫌疑人、被告人死亡的。

（6）其他法律规定免予追究刑事责任的。

四、正当防卫

（一）什么是正当防卫？

我国《刑法》第二十条规定：“为了使国家、公共利益、本人或者他人的人身、财产和其他权利免受正在进行的不法侵害，而采取的制止不法侵害的行为，对不法侵害人造成损害的，属于正当防卫，不负刑事责任。”这是正当防卫的法定概念。

从上述规定看出，正当防卫的主要特征：

1. 防卫人的行为是同不法侵害行为做斗争的正义、合法的行为，其给不法侵害者所造成的损害，乃是制止不法侵害行为所必要的，不仅不具有社会危害性，反而对社会有益。

2. 防卫人实施正当防卫的目的，在于为了使国家、公共利益、本人或者他人的人身、财产或者其他权利免受正在进行的不法侵害，其主观上不仅不具有危害社会的故意，反而是为了保卫社会。因此，正当防卫属于排除犯罪性的行为，受国家法律所保护，也是法律赋予公民的一项合法权利。同时，我国《刑法》第二十条第二款规定了“正当防卫明显超过必要限度造成重大损害的，应当负刑事责任，但是应当减轻或者免除处罚”。也就是说，只要防卫人的防卫行为没有明确显著越过制止不法侵害行为所需的界限造成过于的不必要损害，都属于正当防卫；只有防卫人的防卫行为明确显著越过制止不法侵害行为所需的界限，造成较为悬殊的不必要损害，才属于防卫过当。

（二）防卫过当的构成要件是什么？

1.“明显超过必要限度”与“造成重大损害”是判定是否构成防卫过当的两个方面，是相对独立又相辅相成的，二者必须同时具备，缺一不可，不能人为地割裂开来。其独立性在于，构成防卫过当必须兼具两个条件，没有明显超过必要限度，造成重大损害不属于防卫过当，同理，即便超过必要限度，没有造成重大损害也不属于防卫过当。其关联性在于从实践来看，明显超过必要限度必然造成重大损害，而只要造成重大损害，其防卫行为通常也明显超过必要限度。修订后的《刑法》将防卫过当规定为“明显超过必要限度造成重大损害”，要求同时具备两个因素，旨在放宽对防卫行为的限制，尽量把针对不法侵害的防卫行为造成的损害纳入合法损害的范围，摆脱以往司法实践中对防卫损害衡量尺寸的苛求对防卫行为构成的羁绊和制约，以鼓励广大公民更勇敢、更主动地拿起“正当防卫”的法律武器，坚决同违法犯罪行为做斗争。同时，也为司法机关具体认定防卫是否过当提供一个相对明确的判断标准——只有“明显超过必要限度”并且造成不应有的“重大损害”，才可认定为防卫过当。然而，如何判断防卫行为是否“超过必要”限度以及何为不应有的“重大损害”？法律以及司法解释均没有明确规定。

2. 如何认定防卫行为是否明显超过必要限度，从立法精神上看，防卫过当的界限，通常就是关于正当防卫的必要限度问题。防卫不能明显超过必要的限度造成重大的损害，这是正当防卫的限度条件。

五、紧急避险

（一）什么是紧急避险？

根据《刑法》第二十一条的规定，紧急避险，是指为了使国家、公共利益、本人或者他人的人身、财产和其他权利免受正在发生的危险，不得已给另一较小合法权益造成损害的行为。如抗洪抢险采取的分洪措施是紧急避险的适例。

紧急避险的本质是避免现实危险，保护较大合法权益。紧急避险的客观特征是，在法律所保护的权益遇到危险而不可能采取其他措施予以避免时，不得已损害另一较小合法权益来保护较大的合法权益。紧急避险的主观特征是，认识到合法权益受到危险的威胁，出于保护国家、公共利益、本人或者他人的人身、财产和其他合法权利免受正在发生的危险的目的，而实施避险行为。可见，紧急避险行为虽然造成了某种合法权益的损害，但联系到具体事态来观察，从行为的整体来考虑，该行为根本没有社会危害性，也根本不符合任何犯罪的构成要件。

（二）避险过当如何处罚？

避险行为超过必要限度造成不应有的损害的，成立避险过当。避险过当不是独立的罪名，故不能定避险过当罪，也不能定避险过当致人重伤罪、避险过当致人死亡罪等罪名。避险行为符合何种犯罪的构成要件，就认定为何种犯罪。对于避险过当的，应当酌情减轻或者免除处罚。紧急避险超过必要限度造成不应有的损害的，应当负刑事责任，但是应当减轻或者免除处罚。在刑法理论上，把紧急避险超过必要限度而造成不应有的危害的行为，称为避险过当。避险过当不是一个罪名，在追究其刑事责任时，应当在确定其罪过形式的基础上，以其所触犯的我国刑法分则有关条文定罪量刑。在避险过当的罪过形式中，大多数是疏忽大意的过失，在少数或个别情况下，可能由间接故意或过于自信的过失构成避险过当。由于避险过当在主观上是出于保全合法权益的动机和目的，在客观上发生在紧迫的情况下。因此，对于避险过当应当减轻或者免除处罚。

六、不追究刑事责任的情形有哪些？

根据法律规定，不追究刑事责任的情形有以下几种：

1. 情节显著轻微、危害不大，根据刑法不认为是犯罪的。

2. 犯罪已过追诉时效期限的。刑法规定了对于刑事犯罪的追诉期限：法定最高刑为不满五年有期徒刑的，经过五年；法定最高刑为五年以上不满十年有期徒刑的，经过十年；法定最高刑为十年以上有期徒刑的，经过十五年；法定最高刑为无期徒刑、死刑的，经过二十年。超过上述法定追诉时效的，一般不再追究刑事责任。

3. 经特赦令免除刑罚的。在我国，全国人民代表大会常务委员会有权决定特赦。这种特赦命令具有终止刑事追究的法律效力。

4. 依照刑法告诉才处理的犯罪，没有告诉或者撤回告诉的。告诉才处理的案件以被害人提出告诉为前提。被害人没有提出告诉或者撤回告诉的，对这类案件的追究就失去了法律基础。

5. 犯罪嫌疑人、被告人死亡的。刑法实行罪责自负、反对株连的原则，如果犯罪嫌疑人、被告人死亡的，追究刑事责任已经没有意义，因此不予追究。

6. 其他法律规定免予追究刑事责任的。

对于上述法定不追究刑事责任的情形，刑事诉讼法和最高人民法院的司法解释规定了不同的处理方式。具体说来，在立案阶段，人民法院发现自诉案件有上述情形之一的，应当不予受理。公诉案件有上述情形之一的，公安机关和人民检察院应作出不立案的决定。在侦查阶段，侦查机关遇有上述情形之一的，应当撤销案件。在审查起诉阶段，人民检察院遇有上述情形之一的，应作出不起诉的决定。在审判阶段，对于上述第一种情形，人民法院应当以判决宣告无罪。对于其他几种情形，一般应以裁定终止审理。不过，根据已经查明的案件事实和认定的证据材料，能够确认已经死亡的被告人无罪的，人民法院应当判决宣告被告人无罪。

七、不追究刑事责任与免予处罚有什么区别

（一）免予处罚的情形有哪些？

1. 凡在中华人民共和国领域外犯罪，依照本法应当负刑事责任的，虽然经过外国审判，仍然可以依照本法追究，但是在外国已经受过刑罚处罚的，可以免除或者减轻处罚。

2. 对于犯罪情节轻微不需要判处刑罚的，可以免予刑事处罚。

3. 对于自首的犯罪分子，可以从轻或者减轻处罚。其中，犯罪较轻的，可以免除处罚。

4. 犯罪分子有揭发他人犯罪行为，查证属实的，或者提供重要线索，从而得以侦破其他案件等立功表现的，可以从轻或者减轻处罚；有重大立功表现的，可以减轻或者免除处罚。

5. 犯罪后自首又有重大立功表现的，应当减轻或者免除处罚。

6. 又聋又哑的人或者盲人犯罪，可以从轻、减轻或者免除处罚。

7. 正当防卫明显超过必要限度造成重大损害的，应当负刑事责任，但是应当减轻或者免除处罚；紧急避险超过必要限度造成不应有的损害的，应当负刑事责任，但是应当减轻或者免除处罚。

8. 对于预备犯，可以比照既遂犯从轻、减轻处罚或者免除处罚；对于中止犯，没有造成损害的，应当免除处罚；造成损害的，应当减轻处罚；对于从犯，应当从轻、减轻处罚或者免除处罚；对于被胁迫参加犯罪的，应当按照他的犯罪情节减轻处罚或者免除处罚。

（二）不追究刑事责任与免予处罚的区别？

1. 不追究刑事责任：是因为立案后经侦查后确认没有犯罪事实，或者犯罪情节显著轻微不需要追究刑事责任，或者具有其他依法不追究刑事责任情形的，案件就此终结。

2. 免予处罚：是有刑事犯罪的发生，但因其他法定情形，如行为人不满十四周岁或不满十六周岁等，作出的一种处理结果。

八、免予刑事处罚后如何处理？

被判决免予刑事处罚人，依照刑事诉讼法有关规定，应当立即释放，但如何办理释放手续，刑事诉讼法、人民检察院刑事诉讼规则、最高法院《解释》及公安机关办理刑事案件程序规定中均未有详细的阐述。《看守所条例》及其《实施办法》中有有关规定。《看守所条例》第三十九条规定：对于被依法释放的人，看守所根据人民法院、人民检察院、公安机关或者国家安全机关的释放通知文书，办理释放手续。该条例《实施办法》第五十二条规定：看守所对于经人民法院审判后宣告无罪或者免予刑事处罚，通知释放的，在出所时应当发给释放证明书。

结合上述规定，被免予刑事处罚的人，人民法院应当办理规范的通知释放文书。同时，无论是何种法定事由的被羁押人出所均使用合法的规范性法律文书，如：撤案、不诉、不捕、取保、监视居住等等，不能只有免予刑事处罚，释放人时口头通知释放。再者，释放被羁押人，是一种严肃的法律行为，缺少规范性法律文书，是极不严肃的，也是不符合立法精神的，更何况未有法律文书。因此，口头通知释放被羁押人，是极不严肃的，有损法律的严肃性。如何释放呢？按照法律规定，免予刑事处罚，必须立即释放被羁押人，但此时刑事判决尚未生效，因此，人民法院不能下达执行通知书。正确的释放程序应当是：人民法院在宣布免予刑事处罚的同时，对免予刑事处罚人变更强制措施，即取保候审或监视居住强制措施，通知看守所立即放人，待判决生效后，下达该法律执行文书，同时解除取保候审或监视居住强制措施。

九、刑事责任能力

（一）什么是刑事责任能力？

刑事责任能力是指什么样的人犯了罪应该承担刑事责任，什么样的人虽然犯罪了却无须承担刑事责任，是从人的辨认和控制自己行为的能力来界定的，“辨认能力”是指一个人对自己行为的性质、意义和后果的认识能力。“控制能力”是指一个人按照自己的意志支配自己行为的能力。

对于一般公民来说，只要达到一定的年龄，生理和智力发育正常，就具有了相应的辨认和控制自己行为的能力，从而具有刑事责任能力。但是，在出现疾病的情况下，辨认自己行为的性质、后果的能力与自我控制的能力也可能分离。只有辨认和控制自己行为的能力都具备，才属于有刑事责任能力。

（二）刑法对刑事责任能力是怎么规定的？

具体是从人的年龄和精神状态规定的：

1. 已满十四周岁不满十六周岁的人，犯故意杀人、故意伤害致人重伤或者死亡、强奸、抢劫、贩卖毒品、放火、爆炸、投毒罪的，应当负刑事责任。

2. 已满十六周岁的人犯罪，应当负刑事责任。

3. 已满十四周岁不满十八周岁的人犯罪，应当从轻或者减轻处罚，不能判处死刑。

4. 精神病人在不能辨认或者不能控制自己行为的时候造成危害结果，经法定程序鉴定确认的，不负刑事责任，但是应当责令他的家属或者监护人严加看管和医疗；在必要的时候，由政府强制医疗。间歇性的精神病人在精神正常的时候犯罪，应当负刑事责任。尚未完全丧失辨认或者控制自己行为能力的精神病人犯罪的，应当负刑事责任，但是可以从轻或者减轻处罚。

5. 醉酒的人犯罪，应当负刑事责任。

6. 又聋又哑的人和盲人，不属于无刑事责任能力的人。但由于他们生理上的缺陷，他们在接受教育以及参加社会实践方面受到一定的局限，其辨认是非的能力比正常人要差，《刑法》规定，对他们的犯罪可以从轻、减轻或者免除处罚。

十、刑事案件追诉期

（一）什么是刑事案件追诉期？

刑事案件与民事上的诉讼时效类似，当犯罪经过法定年限后，就不再追诉，虽然犯罪具有可罚性，但是经过一定年数后，犯罪再进行处罚的意义就不大了。

刑事追诉时效是《刑法》规定的司法机关追究犯罪人刑事责任的有效期限。犯罪已过法定追诉时效期限的，不再追究犯罪分子的刑事责任；已经追究的，应当撤销案件，或者不予起诉，或者宣告无罪。各国对追诉时效规定不一，最长的达三十年，最短的仅三个月。

（二）我国刑事案件追诉期有多长？

犯罪经过下列期限不再追诉：

1. 法定最高刑为不满五年有期徒刑的，经过五年。

2. 法定最高刑为五年以上不满十年有期徒刑的，经过十年。

3. 法定最高刑为十年以上有期徒刑的，经过十五年。

4. 法定最高刑为无期徒刑、死刑的，经过二十年。如果二十年以后认为必须追诉的，须报请最高人民检察院核准。

我国《刑法》第八十九条规定，追诉期限从犯罪之日起计算；犯罪行为有连续或者继续状态的，从犯罪行为终了之日起计算；在追诉期限以内又犯罪的，前罪追诉的期限从犯后罪之日起计算。

但是，如果在人民检察院、公安机关、国家安全机关立案侦查或者在人民法院受理案件以后，犯罪嫌疑人逃避侦查或者审判的，是不受追诉期限的限制。同样，被害人在追诉期限内提出控告，人民法院、人民检察院、公安机关应当立案而不予立案的，不受追诉期限的限制。

十一、犯罪预备

（一）什么是犯罪预备？

犯罪预备是指为了实施犯罪而准备工具、制造条件的行为。犯罪预备必须符合以下特征。

1. 行为人主观上具有犯罪的故意，即犯罪预备的目的，是为了顺利地进行犯罪活动，实现犯罪意图，体现了预备犯的主观恶性，这是追究其刑事责任的主观依据。

2. 行为人已经为实施犯罪进行了准备活动。这种准备活动在法律上主要规定为两种情况。

（1）为实施犯罪准备工具和物品的行为。准备的工具和物品包括用以杀伤、威胁被害人的各类凶器物品；用以伪造货币、票证、文印的各类器具材料；用以掩护犯罪活动、排除障碍物、销毁罪证的各类工具物品等。准备工具和物品的手段、方法也各不相同，主要有制造、修理、改装、购买、借用、骗取、窃取等。

（2）为达到犯罪目的创造条件的行为：主要指准备工具以外的其他创造条件的行为。如为实施犯罪，事先察看犯罪现场、选择犯罪时机、探听被害人行踪、演习犯罪手段和技巧、拟定犯罪实施计划、寻找犯罪同伙等等。

（二）预备犯是否承担刑事责任？

从准备工具、制造条件对实施犯罪所起的作用来看，都是着手实施犯罪之前，准备犯罪的行为，都是具有社会危害性的行为，这是追究其刑事责任的客观依据。如果行为人仅仅将犯罪意图表露出来，而未进行犯罪的准备活动，那就不是犯罪预备。

根据《刑法》的规定，对预备犯，可以比照既遂犯从轻、减轻处罚或者免除处罚。

在一般情况下，由于预备犯仅仅处于犯罪的预备阶段，还没有着手实施犯罪，也没有造成实际的社会危害结果，其社会危害程度要低于既遂犯，因此，在对预备犯的处罚上可以轻于既遂犯，比照既遂犯从轻、减轻处罚或者免除处罚。但对于个别预备犯情节特别恶劣、主观恶性严重、危险性大的，也可以不予从轻、减轻或者免除处罚。对于预备犯情节显著轻微，危害不大的，则可以依据《刑法》的规定，免除处罚。

十二、犯罪中止

（一）什么是犯罪中止？

犯罪中止是指在犯罪过程中，自动放弃犯罪或者自动有效地防止犯罪结果发生的行为。犯罪中止必须符合以下特征。

1. 必须在犯罪过程中停止犯罪，即在犯罪预备或者着手实行犯罪过程中，也就是在犯罪未完成之前停止犯罪。如果犯罪已经得逞，则不存在犯罪中止的问题。

2. 必须是犯罪分子自动放弃犯罪或者自动有效地防止犯罪结果的发生。这里包括两种情况：

（1）自动放弃犯罪，是指犯罪分子在着手实行犯罪之前，主动放弃犯罪意图，停止着手实施犯罪，或者在着手实施犯罪之后，犯罪结果发生之前，主动放弃继续犯罪，中止犯罪行为。放弃犯罪是出于行为人的自由意志，而非由于意志以外的原因而被迫停止犯罪，这是犯罪中止与犯罪未遂的根本区别。如果是出于犯罪分子意志以外的原因，或者不敢把犯罪进行下去，被迫把犯罪停止下来，则不能视为犯罪中止。

（2）自动有效地防止犯罪结果的发生，是指犯罪人在已经着手实行犯罪后，犯罪结果发生之前，主动放弃继续犯罪，并主动采取措施防止了犯罪结果的发生。

（二）中止犯是否承担刑事责任？

促使犯罪人自动放弃犯罪或者自动有效地防止犯罪结果发生的动机是多种多样的，如真诚悔悟，认识到犯罪可耻，洗手不干；因被害人哭泣、求饶，而产生同情、怜悯之心，不忍再加害于人；慑于法律的威严，惧怕受到刑罚惩罚；原有的犯罪欲望已通过其他途径得到满足或已经消失等。引起犯罪中止的不同动机，反映了犯罪人悔悟程度的差别，但不影响犯罪中止的成立。

根据《刑法》的规定，对于中止犯，没有造成损害的，应当免除处罚；造成损害的，应当减轻处罚。这样规定，体现了我国刑法罪刑相适应的原则。

因为犯罪中止不仅客观上没有发生犯罪结果，而且是犯罪分子自动放弃犯罪，才使犯罪结果未发生，犯罪分子在犯罪中悬崖勒马，对社会是有益的。因此，法律对中止犯的处罚，采取了“应当免除”或“应当减轻”的从宽处罚的原则。这也是考虑对犯罪分子判刑的目的在于改造服刑人员，既然犯罪分子自动放弃了犯罪，又避免了犯罪结果的发生，说明犯罪分子的人身危险已经消除或者减弱，服刑人员已经悔罪，容易接受改造，处理上应当进一步从宽。同时，规定较轻的处罚，有利于鼓励犯罪分子中止犯罪，以减少犯罪的社会危害。

十三、犯罪未遂

（一）什么是犯罪未遂？

犯罪未遂是指已经着手实施犯罪，由于犯罪分子意志以外的原因而未得逞的行为。犯罪未遂必须符合以下特征。

1. 已经着手实施犯罪。就是说行为人已经开始实行《刑法》分则条文所规定的某种犯罪行为，如行为人已经将毒物投向公众饮水源。已经着手实施犯罪，这是犯罪未遂与犯罪预备的主要区别。已经着手实行犯罪，表明行为人已经从犯罪预备阶段进入实行阶段，即行为人从为实施犯罪创造条件进入了开始完成犯罪故意的阶段，其犯罪意图已经通过着手实行的犯罪行为开始体现出来，其本身能够造成危害结果的发生，如果没有犯罪分子意志以外的原因出现，而让它无阻碍地发展下去，该种犯罪行为就会完成。

2. 犯罪未得逞。就是说行为人没有完成某一具体的犯罪行为。犯罪未得逞，这是犯罪未遂与犯罪既遂的主要区别。但犯罪未得逞，并不等于没有发生任何危害结果，而是犯罪特定的危害结果没有发生，如故意杀人而未能将人杀死，只是致人重伤，这就属于杀人未遂，而不是杀人既遂。

我国刑法对犯罪既遂规定了三种情况：

（1）犯罪分子所追求的损害结果已经发生，如杀人罪的既遂，必须有被害者死亡的结果。

（2）犯罪行为在客观上造成了发生某种危害结果的危险状态，如破坏交通工具罪和破坏交通设施罪，只要造成了足以使交通工具发生倾覆、毁坏危险状态的，就构成犯罪既遂。

（3）不要求发生实际损害结果，只要完成了法定的犯罪行为，就构成犯罪既遂，如危害国家主权、领土完整罪，分裂国家、破坏国家统一罪，只要实施了法定的危害行为，就构成犯罪既遂。

3. 犯罪未得逞是由于犯罪分子意志以外的原因。就是说犯罪分子之所以未能达到预期的危害结果，并非由于犯罪分子不愿让危害结果发生，而是不能或者不敢把犯罪进行下去，使犯罪未完成。这里说的“犯罪分子意志以外的原因”是指不以犯罪分子的主观意志为转移的一切原因，它既包括外界的客观原因，如被害人的反抗、第三人的阻止、自然力的障碍、客观情况的变化等，也包括犯罪分子本人的原因，如对自己实施犯罪的能力、方法、手段估计不足，对事实判断错误等。犯罪未得逞是违背犯罪分子意志的。犯罪未得逞是否出于犯罪分子意志以外的原因，这是区别犯罪未遂与犯罪中止的关键。

（二）未遂犯是否承担刑事责任？

根据《刑法》的规定，对未遂犯，可以比照既遂犯从轻或者减轻处罚。在一般情况下，由于未遂犯所造成的实际危害，比既遂犯轻些，故对未遂犯的处罚一般要轻于既遂犯，比照既遂犯从轻或者减轻处罚。至于从轻或者减轻的幅度大小，则应综合考虑案件的具体情况。但对于情节特别恶劣、危害后果严重、人身危险性大的未遂犯，也可以与既遂犯同等处罚，而不予从轻或者减轻。

十四、什么是共同犯罪?

共同犯罪分为一般共犯和特殊共犯即犯罪集团两种。一般共犯是指二人以上共同故意犯罪，而三人以上为共同实施犯罪而组成的较为固定的犯罪组织，是犯罪集团。组织、领导犯罪集团进行犯罪活动的，或者在共同犯罪中起主要作用的，是主犯。对组织、领导犯罪集团的首要分子，按照集团所犯的全部罪行处罚。在此之外的主犯，应当按照其所参加的或者组织、指挥的全部犯罪处罚。共同犯罪人主要分为主犯、从犯、胁从犯。

十五、犯罪集团

（一）什么是犯罪集团?

认定犯罪集团时，应当严格区分犯罪集团与非犯罪集团，其中尤以犯罪集团与犯罪团伙、犯罪集团与聚众犯罪更易混淆。

（二）犯罪集团与犯罪团伙的区别有哪些?

1. 犯罪集团与犯罪团伙的区别。

犯罪团伙和犯罪结伙都不是严格意义上的法律概念，只是长期司法实践中形成的习惯用语，旨在描述人数较多（通常为三人以上）的共同犯罪，而并未在其中做进一步的划分，因而这样一个概念在《刑法》上并无实际意义。因为《刑法》所着力打击的是有稳定性、固定性、组织性的共同犯罪形式，即犯罪集团，而不具备以上特征的共同犯罪形式其社会危害性较之犯罪集团通常要小，《刑法》对其打击力度也通常小于犯罪集团。如果将这样两种在本质上存在差别的共同犯罪形式合而为一，则无法明确打击锋芒，甚至会将一般的共同犯罪也等同于犯罪集团，造成量刑畸重。至于结伙犯罪的概念，有些学者认为是指二人以上结帮成伙，没有组织的共同犯罪。

我们认为，法律对其概念、特征、量刑上均未作出特殊规定，且这种形式完全可以被一般共同犯罪所包容，因此并无独立存在的必要。可见，所谓犯罪团伙，实际上就是犯罪集团与一般共同犯罪的集合。这种观点也获得了司法解释的认同。新刑法典对犯罪集团概念的法定化使这种区分更加明确。

2. 犯罪集团与聚众犯罪的区别。

在 1997 年刑法典中，聚众犯罪包括两种情况：一是不属于共同犯罪的聚众犯罪；二是属于共同犯罪的聚众犯罪。第一种情况不存在共同犯罪的问题，因此这里将第二种情况称为聚众共同犯罪，以示区别。

聚众共同犯罪的特点之一，即参加的人数多，通常也有首要分子、积极参加者和其他参加者，且表现形式上有时也具有一定的组织性。正因为如此，司法实践中有时不易将其与犯罪集团区别开来。我们认为，聚众共同犯罪一般具有临时性、纠合性的特点，犯罪分子并不具有长期实施某种犯罪活动的目的性，且其内部组织并不具有稳定性。只要仔细考察，将其与犯罪集团区分实非难事。严格来讲，聚众共同犯罪也属于一般共同犯罪的范畴，且刑法分则已有多个条文对其加以规定，只要按分则条文定罪量刑即可。

十六、什么是主犯？

（一）共同犯罪中主犯是指什么？

主犯是指组织、领导犯罪集团进行犯罪活动或者在共同犯罪中起主要作用的犯罪分子。

（二）主犯包括哪几种情况？

1. 组织、领导犯罪集团进行犯罪活动的犯罪分子，即犯罪集团的首要分子，有两个特征：第一，必须是集团犯罪中的犯罪分子；第二，必须实施了组织、领导犯罪集团进行犯罪活动的行为。

2. 在共同犯罪中起主要作用的犯罪分子，即犯罪集团首要分子以外的在共同犯罪中起主要作用的犯罪分子，包括犯罪集团的骨干分子和在某些聚众犯罪中起组织、策划、指挥作用的犯罪分子。

犯罪集团的首要分子，按照集团所犯的全部罪行处罚。集团所犯的全部罪行指首要分子组织、领导的犯罪集团在预谋犯罪的范围内所犯的全部罪行。对于犯罪集团首要分子以外的其他主犯，应当按照其所参与的或者组织、指挥的全部犯罪处罚。

（三）首要分子是不是主犯？

我国《刑法》第二十三条规定："组织、领导犯罪集团进行犯罪活动的或者在共同犯罪中起主要作用的，是主犯。对于主犯，除本法分则已有规定的以外，应当从重处罚。"该法第八十六条规定："本法所说的首要分子是指在犯罪集团或者聚众犯罪中起组织、策划、指挥作用的犯罪分子。"可见主犯和首要分子是两个不同的法律概念，它们有着严格的区别，但又有着密切的联系。正确认识两者的关系，对于准确定罪量刑有着重要的意义。

1. 主犯和首要分子的联系。

主犯和首要分子两者都只能存在于故意犯罪并且是直接故意犯罪之中，在间接故意犯罪和过失犯罪中是不存在主犯和首要分子的。从单一的个人犯罪和共同犯罪（包括二人共同犯罪、集团犯罪、聚众犯罪等形式）的分类来看，两者都只能存在于共同犯罪之中，单一的个人犯罪中，无所谓主犯和首要分子的存在。

首要分子是主犯的组成部分，主犯包括了首要分子。主犯与首要分子的关系是属种关系，主犯是属概念，首要分子是种概念。根据法律规定，主犯有两种情况，一种主犯是组织、领导犯罪集团进行犯罪活动的；另一种是在共同犯罪中起主要作用的。同样，首要分子也有两种情况，一种首要分子是在犯罪集团中起组织、策划、指挥作用的，它与第一种主犯完全一致；另一种首要分子是指在聚众犯罪（不是犯罪集团，而是共同犯罪）中起组织、策划、指挥作用的。可见，这种首要分子完全包含在第二种主犯之中。通过以上分析可以看出，首要分子必然是主犯，但不能用首要分子代替主犯，因为首要分子只是主犯的一个组成部分。

2. 主犯和首要分子的区别。

在共同犯罪中，二人共同犯罪所占的比重较大。在这种形式的犯罪中，可能有主犯、从犯（或胁从犯）之分，而不可能有首要分子。因为根据法律规定，首要分子只存在于犯罪集团和聚众犯罪中，而这两种犯罪形式中的犯罪分子至少应是三人（即三人或三人以上）。可见，二人共同犯罪中是没有首要分子的，这就意味着不能把二人共同犯罪中的主犯称作首要分子。这也是首要分子包含在主犯内，而又不等同于主犯的道理所在。

在量刑时，由于《刑法》分则本身对首要分子（属主犯）规定了较重的刑罚，所以不再从重处罚了；而对除首要分子以外的主犯，在量刑时，还应当从重处罚。对此，《刑法》第二十三条第二款做了明确规定。

对于在犯罪集团和聚众犯罪中不是起组织、策划、指挥的作用，但是仍起主要作用的犯罪分子，只能称作主犯，而不能称作首要分子。在一些犯罪集团或聚众犯罪中，有些行为人虽然不是犯罪的组织者、策划者、指挥者，但直接造成了严重的危害结果，罪恶重大，或者犯罪情节特别严重，在犯罪活动中特别卖力等等，这些人都属于起主要作用者，是主犯。因此，对于这种不属于首要分子的主犯，在量刑时仍然应当从重处罚。

十七、从犯

（一）什么是从犯？

我国《刑法》第二十七条第二款规定："对于从犯，应当从轻、减轻处罚或者免除处罚。"《刑法》之所以如此规定，是因为从犯与主犯相比，无论是主观恶性还是客观危害，都要轻一些。因此，我国《刑法》规定的从犯的处罚原则具有科学根据。

（二）从犯分几种？

根据我国《刑法》的这一规定，从犯可以分为以下两种情况：

1. 在共同犯罪中起次要作用的犯罪分子，这就是指起次要作用的正犯。所谓起次要作用的正犯是相对于起主要作用的正犯而言的，是指虽然直接参加了实施犯罪构成客观要件的行为，但衡量其所起的作用仍属于次要的犯罪分子。在共同犯罪中起次要作用，通常是指直接参加了实施犯罪行为，但在整个犯罪活动中起次要作用。比如，在犯罪集团中，听命于首要分子，参与了某些犯罪活动；或者在一般共同犯罪中，参与实施了一部分犯罪活动。一般地说，起次要作用的正犯具体罪行较轻、情节不严重，没有直接造成严重后果。

2. 在共同犯罪中起辅助作用的犯罪分子，这就是指帮助犯。所谓帮助犯是相对于正犯而言的，是指没有直接参加犯罪的实行，但为正犯的犯罪创造便利条件的犯罪分子。在共同犯罪中起辅助作用，一般是指为实施共同犯罪提供方便，创造有利条件、排除障碍等，例如，提供犯罪工具，窥探被害人行踪，指点犯罪地点和路线，提出犯罪时间和方法的建议，事前应允帮助窝藏其他共同犯罪人以及窝赃、销赃等。

十八、教唆犯

（一）什么是教唆犯？

教唆犯是指教唆他人犯罪的人，即自己并不亲自参加某种犯罪，而是以自己的言行去引起他人产生犯罪意图，通过他人去实施犯罪。教唆犯是共同犯罪人中最为复杂的一种类型，社会危害性大。教唆犯具有以下特点：

1. 教唆犯所教唆的对象（即被教唆的人）必须是达到刑事责任年龄、具有刑事责任能力的人，否则不成立教唆犯，而成立间接正犯。例如，乙已满十四周岁不满十六周岁且精神正常，如果甲教唆乙杀人，甲便是教唆犯；如果甲教唆乙盗窃，甲则是间接正犯（参见《刑法》第十七条第二款）。

2. 必须有教唆行为，教唆行为的实质是引起他的犯罪故意。如果教唆行为引起了被教唆人的犯罪故意，被教唆人进而实施了被教唆的犯罪行为，则教唆行为与被教唆人的犯罪行为构成共同犯罪；如果教唆犯实施了教唆行为，但被教唆的人没有犯被教唆的罪，则教唆犯与被教唆的人不成立共犯，但教唆犯仍然应当承担刑事责任。

3. 必须有教唆故意。教唆犯只能由故意构成，过失不可能成立教唆犯。一般来说，教唆犯认识到自己的教唆行为会使被教唆人产生犯罪故意进而实施犯罪，认识到被教唆人实施的犯罪行为会发生危害社会的结果，希望或者放任被教唆人实施犯罪行为及其危害结果的发生。

（二）教唆犯应当如何处罚？

1. 教唆他人犯罪的，应当按照他在共同犯罪中所起的作用处罚。

在教唆犯与被教唆的人构成共同犯罪的情况下，以及被教唆的人虽然没有犯被教唆的罪，但在二人以上共同故意教唆他人犯罪因而构成共同犯罪的情况下，对于教唆犯应当按照他在共同犯罪中所起的主次作用来处罚。如果起主要作用，就按主犯处罚；如果起次要作用，则按从犯从轻、减轻或者免除处罚。

2. 教唆不满十八周岁的人犯罪的，应当从重处罚。

这是因为选择不满十八周岁的人作为教唆对象，既说明行为人的主观恶性严重，又说明教唆行为本身的腐蚀性大，社会危害性严重，理应从重处罚。此外，保护青少年健康成长，也是上述规定的政策理由。所应注意的是，对“教唆不满十八周岁的人犯罪”这一规定，应根据教唆犯的成立条件以及《刑法》第十七条的规定进行理解。

3. 如果被教唆的人没有犯被教唆的罪，对于教唆犯可以从轻或者减轻处罚。

这种情况在《刑法》理论上称为教唆未遂。“被教唆的人没有犯被教唆的罪”通常包括以下情况：被教唆的人拒绝教唆犯的教唆；被教唆的人虽然接受教唆，但并没有实施犯罪行为；被教唆的人实施犯罪并不是教唆犯的教唆行为所致；被教唆的人虽然实施了犯罪，但所犯之罪的性质与教唆犯所教唆之罪的性质完全不同。在上述情况下，教唆行为并没有造成危害结果，故对教唆犯可以从轻或者减轻处罚。

十九、胁从犯

（一）什么是胁从犯？

胁从犯是指被胁迫参加犯罪活动的犯罪分子。这里所说的“被胁迫参加犯罪”是指行为人受威胁被迫参与犯罪。胁从犯本不愿意参加犯罪，只是因为迫于他人的暴力或者精神威逼才做犯罪的选择，参加了共同犯罪的实施。

被胁迫参加犯罪虽非出于自愿，有违背意志、不得已的一面，但最后参加犯罪仍是由其意志决定的，其人身并未受到强制，主观上毕竟还是经过了他的自由选择，其行为也是受自己的意志支配的，只是畏于自身遭到危险。这种行为人主观上是有罪过的，应当负刑事责任。

（二）胁从犯如何量刑？

由于胁从犯参与共同犯罪活动是不愿意或者不完全愿意，其实施的犯罪危害行为是在被他人威胁、强迫，精神受到强制的情况下，不得已而为之的，其危险性要小于没受精神强制而实施犯罪的人。

因此，法律规定对于被胁迫参加犯罪的，应当按照他的犯罪情节减轻处罚或者免除处罚，即根据他参加实施的犯罪性质、被胁迫的程度以及对造成的危害结果所起的作用等情况，综合分析确定或者减轻处罚，或者免除处罚。

需要指出的是，对于共同犯罪人中起初是被胁迫参加犯罪，后却变为自愿或者积极参加犯罪活动的，不能再确定为胁从犯、应根据他在共同犯罪中所起的作用，分别以主犯或者从犯论处。

二十、我国刑罚有哪些种类?

1. 管制：就是指对犯罪分子不予关押，但限制其一定自由，由公安机关予以执行的刑罚方法。

管制是我国主刑中最轻的一种刑罚方法，属于限制自由刑。

管制的期限为三个月以上二年以下。数罪并罚时，最高不能超过三年。

管制的刑期，从判决执行之日起计算；判决执行以前先行羁押的，羁押一日折抵刑期二日。所谓判决执行之日，应当指判决生效之日。所谓羁押，是指在判决以前对犯罪分子的暂时关押，完全限制其人身自由的一种措施。

2. 拘役：就是指短期剥夺犯罪分子的自由，就近执行并实行劳动改造的刑罚方法。

拘役属于短期自由刑，是主刑中介于管制与有期徒刑之间的一种轻刑。

拘役的期限为一个月以上六个月以下。数罪并罚时，最高不能超过一年。

拘役的刑期从判决执行之日起计算；判决执行以前先行羁押的，羁押一日折抵刑期一日。

3. 有期徒刑：就是指剥夺犯罪分子一定期限的人身自由，并强制其进行劳动并接受教育改造的刑罚方法。

有期徒刑的刑期为六个月以上十五年以下。数罪并罚时，最高不能超过二十年。

有期徒刑的刑期，从判决执行之日起计算；判决执行以前先行羁押的，羁押一日折抵刑期一日。

4. 无期徒刑：就是指剥夺犯罪分子的终身自由，强制其参加劳动并接受教育改造的刑罚方法。它是仅次于死刑的一种严厉的刑罚。

被判处无期徒刑的服刑人员没有刑期限制，服刑人员被剥夺终身自由。在判决执行以前的羁押时间不存在折抵刑期的问题。

5. 死刑：也称生命刑，就是指剥夺犯罪分子生命的刑罚方法。

死刑是对犯罪分子的肉体予以剥夺而不是对犯罪分子的自由予以剥夺，是最严厉的刑罚方法，因此也称为极刑。

我国对于死刑的适用，历来采取少杀、慎杀政策。刑法典总则关于适用死刑的限制性规定主要表现在：

死刑只适用于罪行极其严重的犯罪分子；犯罪的时候不满十八周岁的人和审判的时候怀孕的妇女，不适用死刑；死刑除依法由最高人民法院判决的以外，都应当报请最高人民法院核准；对于应当判处死刑的犯罪分子，如果不是必须立即执行的，可以判处死刑同时宣告缓期二年执行。

死刑缓期执行的期间，从判决确定之日起计算。死刑缓期执行减为有期徒刑的刑期，从死刑缓期执行期满之日起计算。

6. 罚金：就是指人民法院判处犯罪分子或者犯罪单位向国家缴纳一定金钱的刑罚方法。罚金属于财产刑。

判处罚金，应当根据犯罪情节决定罚金数额。

7. 剥夺政治权利：就是剥夺犯罪分子参加国家管理与政治活动权利的刑罚方法。属于资格刑。

剥夺政治权利是指剥夺下列权利：选举权和被选举权；言论、出版、集会、结社、游行、示威自由的权利；担任国家机关职务的权利；担任国有公司、企业、事业单位和人民团体领导职务的权利。

剥夺政治权利作为一种附加刑适用时，是作为一种严厉的刑罚方法适用于重罪。有三种情况：对于危害国家安全的犯罪分子应当附加剥夺政治权利；对于故意杀人、强奸、放火、爆炸、投毒、抢劫等严重破坏社会秩序的犯罪分子，可以附加剥夺政治权利；对于被判处死刑、无期徒刑的犯罪分子，应当附加剥夺政治权利终身。

剥夺政治权利独立适用时，是作为一种不剥夺人身自由的轻刑而适用于较轻的犯罪。刑法典分则中没有规定独立适用剥夺政治权利的，不得独立适用剥夺政治权利。

剥夺政治权利的期限有以下四种情况：独立适用剥夺政治权利或者主刑是有期徒刑、拘役附加剥夺政治权利的，期限为一年以上五年以下；判处管制附加剥夺政治权利的期限与管制的期限相等；判处死刑、无期徒刑的，应当剥夺政治权利终身；死刑缓期执行减为有期徒刑或者无期徒刑减为有期徒刑的时候，应当把附加剥夺政治权利的期限相应地改为三年以上十年以下。

8. 没收财产：就是指将犯罪分子个人所有财产的一部或全部强制无偿地收归国有的刑罚方法。没收财产是我国附加刑中较重的一种。

没收全部财产的，应当对犯罪分子个人及其扶养的家属保留必需的生活费用。在判处没收财产的时候，不得没收属于犯罪分子家属所有或者应有的财产。

9. 驱逐出境：就是指强迫犯罪的外国人离开中国国（边）境的刑罚方法。驱逐出境是一种专门适用于犯罪的外国人的特殊的附加刑，既可独立适用，又可附加适用。

驱逐出境的适用对象是特定的，即犯罪的外国人。

对于犯罪的外国人，是可以独立适用或者附加适用驱逐出境，而不是必须适用驱逐出境。驱逐出境的执行日期，单独判处驱逐出境的，从判决生效之日起执行；附加判处驱逐出境的，从主刑执行完毕之日起执行。

二十一、什么是法定量刑情节？

（一）法定量刑情节有哪些？

量刑情节一般分为法定量刑情节和酌定量刑情节。法定量刑情节是《刑法》明文规定在量刑时应当予以考虑的情节，法定量刑情节有以下几种。

1. 应当免除处罚的情节：没有造成损害的中止犯。

2. 可以免除处罚的情节：

（1）犯罪较轻且自首的。

（2）非法种植毒品原植物在收获前自动铲除的。

3. 应当减轻处罚或者免除处罚的情节：

（1）防卫过当。

（2）避险过当。

（3）胁从犯。

（4）犯罪后自首又有重大立功表现的。

4. 应当减轻处罚的情节：造成损害的中止犯。

5. 可以免除或者减轻处罚的情节：在国外犯罪，已在外国受过刑罚处罚的。

6. 可以减轻或者免除处罚的情节：

（1）有重大立功表现的。

（2）在被追诉前主动交代向公司、企业工作人员行贿行为的。

（3）个人贪污数额在5000元以上不满1万元，犯罪后有悔改表现、积极退赃的。

（4）在被追诉前主动交代向国家工作人员行贿行为的。

（5）在被追诉前主动交代介绍贿赂行为的。

7. 应当从轻、减轻或者免除处罚的情节：从犯。

8. 可以从轻、减轻或者免除处罚的情节：

（1）又聋又哑的人或者盲人犯罪。

（2）预备犯。

9. 应当从轻或者减轻处罚的情节：已满十四周岁不满十八周岁的犯罪。

10. 可以从轻或者减轻处罚的情节：

（1）尚未完全丧失辨认或者控制自己行为能力的精神病人犯罪的。

（2）未遂犯。

（3）被教唆的人没有犯被教唆的罪时的教唆犯。

（4）自首的。

（5）有立功表现的。

11. 应当从重处罚的情节：

（1）教唆不满十八周岁的人犯罪的。

（2）累犯。

（3）从重情节参见《刑法》分则。

（二）常见的法定从重处罚的情节有哪些？

1. 出售、购买、运输伪造货币罪——伪造＋出售或运输从重处罚。

2. 强奸罪——奸淫不满十四周岁幼女从重处罚。

3. 强制猥亵侮辱妇女儿童罪——猥亵儿童从重处罚。

4. 非法拘禁罪——具有殴打、侮辱情节从重处罚；国家机关工作人员利用职权从重处罚。

5. 诬告陷害他罪——国家机关工作人员从重处罚。

6. 非法搜查他人身体、住宅，或者非法侵入他人住宅罪——司法工作人员滥用职权从重处罚。

7. 刑讯逼供、暴力取证罪、虐待被监管人员罪——致人伤残、死亡以故意伤害、杀人罪从重处罚。

8. 邮政工作人员私拆、隐匿、毁弃邮件、电报罪——窃取财物的按盗窃从重处罚。

9. 冒充国家机关工作人员招摇撞骗罪——冒充警察从重处罚。

10. 聚众进行淫乱活动罪——引诱未成年人参加从重处罚。

11. 妨害作证罪——司法工作人员从重处罚。

12. 盗伐森林、林木罪——盗伐、滥伐国家级自然保护区内的从重处罚。

13. 走私、贩卖、运输、制造毒品罪——利用、教唆未成年人或向其出售从重处罚。

14. 包庇走私、贩卖、运输、制造毒品犯罪分子罪——缉毒人员或其他国家机关工作人员从重处罚。

15. 引诱、教唆、欺骗他人吸食、注射毒品罪——对未成年人从重处罚。

16. 因走私、贩卖、运输、制造、非法持有毒品罪被判过刑，又犯本节规定之罪的，从重处罚。（排除累犯）

17. 组织、强迫卖淫罪、引诱、容留、介绍卖淫罪——旅馆、饮食、文化娱乐、出租汽车业等单位主要负责人从重处罚。

18. 传播淫秽的书刊、影片、音像、图片或者其他淫秽物品罪——向不满十八周岁的未成年人传播从重处罚。

19. 挪用公款罪——挪用特定款物归个人使用从重处罚。

20. 受贿罪——索贿从重处罚。

（三）常见的非犯罪从重处罚情节有哪些？

非犯罪情节，指犯罪事实以外与犯罪人密切相关的，表明犯罪人人身危险性的事实。根据司法实践，量刑情节可分为罪前、罪中、罪后、罪外四类。

罪中情节指的是犯罪情节；罪前情节，指的是行为人在实施犯罪之前就存在的、足以表现犯罪人主观危险性的事实。

罪后情节指行为人实施犯罪后，对其所实施的犯罪行为所持的态度，如认罪态度，退赔表现等；罪外情节，指的是独立于犯罪过程而在罪前、罪中乃至罪后都存在的一些客观事实，这些客观事实本身与犯罪事实并无必然的联系，主要是指犯罪人的身份，如国家工作人员身份（但以特定的主体为犯罪构成要件的，主体属于罪中情节）。

非犯罪情节，作为法定从重处罚的依据有以下几种情况：

总则部分有累犯（《刑法》第六十五条），危害国家安全犯罪累犯（《刑法》第六十六条）。

分则部分有国家机关工作人员诬告陷害罪（《刑法》第二百四十三条）。

缉毒人员或者其他国家机关工作人员犯包庇毒品犯罪分子罪，窝藏、转移、隐瞒毒品、毒赃罪（《刑法》第三百四十九条）。

司法工作人员犯妨害作证罪，帮助毁灭、伪造证据罪（《刑法》第三百零七条），毒品再犯（《刑法》第三百五十六条）。

非犯罪情节，如果要作为从重处罚的依据，则必须严格掌握法定条件。

如累犯，必须符合三个条件，即前罪与新罪都是故意犯罪；前罪与新罪都判处或者应当判处有期徒刑以上刑罚之罪；新罪发生在前罪的刑罚执行完毕或者赦免之后的五年以内。

上述三个条件，缺一即不能作为累犯处理。又如毒品再犯，也必须符合三个条件，即前罪系走私、贩卖、运输、制造、非法持有毒品罪，而非其他毒品犯罪；犯上述罪被判过刑；后罪须系《刑法》第六章第七节所规定的犯罪。再如特殊主体犯某些罪而必须从重处罚，则要对行为人是否符合特殊主体，依照《刑法》总则的有关规定严格审查。

二十二、什么是酌定量刑情节？

（一）酌定量刑情节有哪些？

酌定量刑情节是《刑法》未明文规定，根据立法精神与刑事政策，由人民法院从审判经验中总结出来的，在量刑时酌情考虑的情节。

1. 犯罪的手段。

2. 犯罪的时空及环境条件。

3. 犯罪的侵害对象。

4. 犯罪造成的危害结果。

5. 犯罪的动机。

6. 犯罪后的态度。

7. 犯罪人的一贯表现。

8. 前科。

（二）酌定从轻处罚情节有哪些？

酌定从轻处罚情节如下：

1. 犯罪主观方面。

（1）间接故意较直接故意为轻。

（2）疏忽大意过失较过于自信过失为轻。

（3）激于义愤的犯罪（非“大义灭亲”的犯罪）。

（4）犯罪目的、动机特殊，反映主观恶性程度较轻的。

（5）对犯罪无违法性认识的。

（6）假想防卫。

（7）假想避险。

（8）坦白交代罪行的（非自首犯）。

（9）认罪态度较好的。

2. 其他酌定从轻处罚情节。

（1）犯罪对社会影响较小、民愤不大的。

（2）根据当地形势需要从轻处罚的。

（3）需要从轻处罚的其他酌定情节。

3. 不能予以从轻处罚情节有哪些？

（1）醉酒的人犯罪。

醉酒的人不仅不能成为免除或减轻、从轻处罚的依据，在交通肇事犯罪中，如果行为人酒后驾驶，不仅在责任上处于不利地位，而且可能因此从重处罚。

但行为系病理性醉酒且自己不知情，因醉酒实施犯罪行为的，则因缺乏刑事责任能力，一般不追究刑事责任。

（2）法盲。

俗话说不知者不怪罪，但并不适用于法律领域。

在现代社会，学法、守法是每个公民应尽的义务，因此不知法不能减轻责任，“知法犯法”也不会“罪加一等”，否则人们就不会有学法的积极性，反而在触犯法律时可以以不知法推卸责任。

二十三、什么是从重处罚情节？

从重处罚情节，是指犯罪构成之外的能够导致犯罪的社会危害性加重，并进而加大犯罪人刑事责任的各种与犯罪事实或犯罪人相关的事实的总和。从重处罚情节包括犯罪情节与非犯罪情节。非犯罪情节作为从重处罚的根据是法律明文规定的。非犯罪情节中，只有法定从重处罚情节，不存在酌定从重处罚情节。对“坦白从宽，抗拒从严”的刑事政策，应有一个法治时代的新认识，“抗拒从严”不能简单地理解为抗拒从重。

《刑法》对首要分子、主犯的处罚仍然体现了“从重处罚”的精神，但与1979年《刑法》相比较，表现为一种“隐性从重”。“从重处罚情节”既是从重处罚的依据，又是构成从重处罚的关键要素。没有从重处罚情节，就不能对服刑人员从重处罚。

二十四、什么是从轻处罚情节？

从轻情节是指依据《刑法》分则的规定可以在规定的处刑幅度内从轻

处刑的各种情形。如：过失致人死亡的，处三年以上七年以下有期徒刑，过失人又主动投案自首、积极抢救被害人并赔偿其损失等，判处三年有期徒刑。其过失人在造成过失后的作为，即是减轻情节，主动中止犯罪，也具有减轻情节。从轻情节包括法定从轻情节和酌定从轻情节。

1. 法定从轻情节包括未成年人犯罪、又聋又哑的人或者盲人犯罪、犯罪预备、中止或未遂、自首、立功、从犯、胁从犯、防卫过当、避险过当、教唆他人犯罪等。

2. 酌定从轻情节包括：赔偿被害人的损失、退赃、被告人认罪、被害人有过错、揭发同案犯的共同犯罪事实、如实供述司法机关尚未掌握的同种罪行、间接故意、犯罪动机、抢救被害人、初犯和偶犯、发生在近亲属之间的犯罪、一贯表现、自动投案、被害人宽恕。

二十五、减轻处罚

（一）什么是减轻处罚？

减轻处罚是我国《刑法》规定的从宽处罚情节的类型之一，它是指人民法院对犯罪分子依法在法定最低刑以下判处刑罚。我国《刑法》第六十三条规定：犯罪分子具有本法规定的减轻处罚情节的，应当在法定刑以下判处刑罚，第二款规定：犯罪分子虽然不具有本法规定的减轻处罚情节，但是根据案件的特殊情况，经最高人民法院核准也可以在法定刑以下判处刑罚。由此可见，我国《刑法》减轻处罚的情形有两种：（1）法定减轻；（2）酌定减轻。这里需要说明的是，减轻处罚的第二种情形，《刑法》对原《刑法》在程序做了重大修改。原《刑法》第五十九条第二款规定犯罪分子虽然不具有本法规定的减轻处罚情节，如果根据案件的具体情况，判处法定刑的最低刑还是过重，经人民法院审判委员会决定，也可以在法定刑以下判处刑罚。这次《刑法》修改，对这种减轻处罚情况的适用，在程序上做了更加严格的要求，即规定这种情形若要减轻处罚，必须逐案、逐级上报最高人民法院，由最高人民法院核准才行。这样修改避免了其在司法实践中的弊端。

我国《刑法》减轻处罚的类型有两类。

1. 应当减轻处罚的，主要包括：（1）未成年人犯罪的案件；（2）造成损害的中止犯；（3）从犯；（4）防卫过当；（5）避险过当；（6）胁从犯；（7）犯罪以后自首又有立功表现的。

2. 可以减轻处罚的，主要包括：（1）限制行为能力人犯罪的；（2）未遂犯；（3）犯罪以后自首的；（4）犯罪分子有立功表现的；（5）又聋又哑的人或盲人犯罪的；（6）预备犯；（7）在国外犯罪，已在国外受过刑罚处罚的。

（二）减轻处罚的情形有哪些？

我国《刑法》第六十三条第一款规定：犯罪分子具有本法规定的减轻处罚情节的，应当在法定刑以下判处刑罚。本应在三年以上十年以下有期徒刑这个幅度内量刑处罚，因其具有减轻处罚的情节，应当减轻到较轻的另一幅度，即三年以下有期徒刑内量刑处罚（此处的以下不应当包括本数三年）。

《最高人民法院研究室关于如何理解和掌握在法定刑以下减轻处罚问题的答复》中认为：在法定刑以下减轻处罚，应是指低于法定刑幅度中的最低刑处罚。也说明了以下不包括适用幅度的上限本数。如果包括本数，对某甲可以判处三年有期徒刑，这个三年是在三年以上十年以下有期徒刑的幅度内量刑处罚，还是在三年以下有期徒刑这个幅度内量刑处罚，不明确，难以让人认为法院是在法定刑以下量刑处罚。因此，从立法角度看，在法定刑以下减轻处罚，本意应当是在适用幅度内偏二上限本数量刑处罚，方能充分体现已对被告人减轻处罚。虽然《刑法》对此没有详细规定，但被告人具有减轻处罚情节，法官在量刑时一定要体现减轻处罚的立法本意，才能使被告人心服口服，案外人明明白白。

二十六、免除处罚情节包括什么？

免除处罚情节，是指对犯罪分子作出有罪宣告，同时根据《刑法》规定据以免除其刑罚处罚的情节。它是以行为人构成犯罪应受刑罚处罚为前提的，只是由于具有法定免除处罚的情节，才免除其刑罚处罚。这与《刑法》第十三条但书规定的不认为是犯罪有原则区别，后者是不构成犯罪，根本就不存在免除刑罚问题。

对于犯罪情节轻微不需要判处刑罚的，依照《刑法》第三十七条的规定，在判决免予刑事处罚的同时，可以根据案件的不同情况，采用非刑罚的方法处理，即予以训诫或者责令具结悔过、赔礼道歉、赔偿损失，或者由人民法院交由主管部门予以行政处罚或者行政处分。

二十七、法定刑的含义是什么？

正确适用减轻处罚的关键是正确理解法定刑的含义，即在什么法定刑基础下判处刑罚。减轻处罚，是在法定最低刑以下判处刑罚，即低于法定最低刑，不能连本数在内判处法定刑，不然，减轻和从轻就没有区别了。如果《刑法》对某个犯罪只规定了一个量刑幅度时，《刑法》学者对法定最低刑理解是一致的。但《刑法》条文中同时规定了两个或两个以上量刑幅度时，法定最低刑如何确定，我国《刑法》学者有不同的认识。一种观点是条文说，认为所谓在法定刑以下判处刑罚，是指在法定刑的最低刑以下判处刑罚。也就是说，在法律规定情节减轻犯的情况下，是在情节减轻犯的法定刑以下判处刑罚；另一种观点是幅度说，认为所谓在法定刑以下判处刑罚，在法律规定情节减轻犯的情况下，既可能在情节减轻犯的法定刑以下判处刑罚，也可能在基本犯的法定刑以下判处刑罚。

以抢劫罪为例，依据《刑法》第二百六十三条规定的抢劫罪有两个量刑档次，一是有期徒刑十年以上到死刑；二是三年以上十年以下有期徒刑。这里有两个档次的法定最低刑为十年和三年，如果按条文说，抢劫罪的法定最低刑为三年有期徒刑，按幅度说，抢劫罪一般情节的法定最低刑是三年有期徒刑，而不属于一般情节的情况法定最低刑则为十年有期徒刑。两者的根本区别在于是否将一般情节犯或情节加重犯视为一个独立的罪刑单位，由于幅度说符合刑法精神，考虑较为全面，能够体现《刑法》罪刑相适应的原则。

二十八、自首

（一）什么是自首？

犯罪以后自动投案，如实供述自己的罪行的，是自首。

1. 自动投案，是指犯罪事实或者犯罪嫌疑人未被司法机关发觉，或者虽被发觉，但犯罪嫌疑人尚未受到讯问、未被采取强制措施时，主动、直接向公安机关、人民检察院或者人民法院投案。

犯罪嫌疑人向其所在单位、城乡基层组织或者其他有关负责人员投案的；犯罪嫌疑人因病、伤或者为了减轻犯罪后果，委托他人先代为投案，或者先以信电投案的；罪行尚未被司法机关发觉，仅因形迹可疑，被有关组织或者司法机关盘问、教育后，主动交代自己的罪行的；犯罪后逃跑，在被通缉、追捕过程中，主动投案的；经查实确已准备去投案，或者正在投案途中，被公安机关捕获的，应当视为自动投案。

并非出于犯罪嫌疑人主动，而是经亲友规劝、陪同投案的；公安机关通知犯罪嫌疑人的亲友，或者亲友主动报案后，将犯罪嫌疑人送去投案的，也应当视为自动投案。犯罪嫌疑人自动投案后又逃跑的，不能认定为自首。

2. 如实供述自己的罪行，是指犯罪嫌疑人自动投案后，如实交代自己的主要犯罪事实。

犯有数罪的犯罪嫌疑人仅如实供述所犯数罪中部分犯罪的，只对如实供述部分犯罪的行为，认定为自首。共同犯罪案件中的犯罪嫌疑人，除如实供述自己的罪行，还应当供述所知的同案犯，主犯则应当供述所知其他同案犯的共同犯罪事实，才能认定为自首。犯罪嫌疑人自动投案并如实供述自己的罪行后又翻供的，不能认定为自首；但在一审判决前又能如实供述的，应当认定为自首。被采取强制措施的犯罪嫌疑人、被告人和已宣判的服刑人员，如实供述司法机关尚未掌握的罪行，与司法机关已掌握的或者判决确定的罪行属不同种罪行的，以自首论。

（二）自首分为几类？

自首是我国《刑法》中的一项重要量刑制度，正确适用这项制度，一方面，可以鼓励和引导犯罪分子主动投案，改过自新，争取宽大处理；另一方面，可以有效瓦解顽固分子，降低司法成本，提高破案率。因此，正确理解自首制度，并在司法实践中加以恰当运用，对于体现惩办与宽大相结合的刑事政策，显得十分重要。在自首的类型上，我国《刑法》采取混合式立法设置，即在《刑法》总则和分则中作双重规定。从现行《刑法》来看，将自首分成三类：

第一类是一般自首（典型自首）。人身自由未受限制、剥夺，存在投案条件的犯罪分子自动投案，如实供述自己的罪行。

第二类是准自首（以自首论）。被采取强制措施的犯罪嫌疑人、被告人和正在服刑的服刑人员，如实供述司法机关还未掌握的本人其他罪行。从司法实践来看，准自首主体还应当包括被劳动教养的人。

第三类是特别自首。该类自首主体特定，按现行《刑法》，主要限定在对公司、企业人员行贿人、行贿人和介绍贿赂人这三类人员，这三类人员在被追诉前主动交代其行贿和介绍贿赂犯罪事实的，适用特别自首。

（三）自首如实供述自己罪行什么意思？

以下情形应当认定为如实供述自己的罪行：（1）犯有数罪的犯罪嫌疑人仅如实供述所犯数罪中部分犯罪的，只对如实供述部分犯罪的行为，认定为自首；（2）共同犯罪案件中的犯罪嫌疑人，除如实供述自己的罪行，还应当供述所知的同案犯，否则不予认定自首，主犯则应当供述所知其他同案犯的共同犯罪事实，才能认定为自首；（3）犯罪嫌疑人自动投案并如实供述自己的罪行后又翻供的，不能认定为自首，但在一审判决前又能如实供述的，应当认定为自首。

对于如实供述的罪行是司法机关已经掌握的罪行的虽然不属于自首，但是符合坦白的构成要件，所谓坦白从宽抗拒从严，所以也可以酌情从轻处理。对于所如实供述的同种罪行中较重的，从认罪态度方面讲也应当从轻发落。

（四）自首与坦白的区别有哪些？

一般意义上的坦白，是指犯罪嫌疑人、被告人被动归案以后，如实交代被法机关指控的犯罪事实的行为。坦白的构成要件主要有两个：一是“被动归案”；二是“如实供述司法机关已经掌握的犯罪事实”。故坦白与特殊自首最大的区别在于：供述的是“司法机关尚未掌握的事实，或已经发现尚未对其进行指控的事实”还是“被司法机关指控的犯罪事实”。

坦白在一定程度上也反映了犯罪分子的认罪态度、悔罪程度，表明其人身危险性有所降低，也有利于提高司法效率。因此，《刑法》也把其规定为从宽处罚的情节，只是这种从宽处罚是酌定情节，而自首是法定从宽情节，且从宽幅度也比坦白要大。

（五）自首如何适用？

一般自首是指犯罪以后自动投案，如实供述自己罪行的行为。在自动投案的时间界定上，投案行为必须发生在服刑人员尚未归案之前，此时犯罪事实尚未被司法机关发觉，或者犯罪事实已被发觉，但司法机关尚未对犯罪分子进行讯问和采取强制措施。此外，犯罪分子的罪行尚未被司法机关发觉，仅因形迹可疑而被有关组织、部门查询、教育后，自动投案；或经查实，犯罪分子确已准备去投案或正在投案途中，而被公安机关抓获的，也应当视为自动投案。有观点认为，因形迹可疑而被盘问，如果随身携有作案工具或者赃物，犯罪分子如实交代犯罪事实，仍应认定为自首。因为仅遭盘问，表明犯罪事实尚未被发觉，行为人仅是被怀疑而不能证明其实施了犯罪。这种观点，我们不敢苟同，因为随身携带不能说明正当来源的赃物或者作案工具，对犯罪分子可以形成有根据的合理怀疑，其对自己的罪证无法抵赖而供认，不应认定为自首。在投案对象上，犯罪分子自动向有关机关和有关个人投案，主要是向司法机关投案，也包括向所在单位、城乡、基层组织或者其他有关负责人员投案。

在投案方式上，可以有多种形式。主要有：（1）亲首。即犯罪分子在犯罪以后亲自向有关机关和个人投案自首，不排除以电话、传真、信件、电子邮件等方式告知司法机关其所在的确切地址，要求司法机关尽快派员将其捕获归案的情况；（2）代首。犯罪分子明确委托亲友代为投案；（3）送首。由监护人或亲属经过规劝，将犯罪分子送往司法机关投案，此种情形完全不同于扭送；（4）陪首。在犯罪分子亲友、邻居、同事、单位领导等陪同下投案自首。

（六）自首如何处罚？

对于自首的犯罪分子，可以从轻或者减轻处罚；对于犯罪较轻的，可以免除处罚。具体确定从轻、减轻还是免除处罚，应当根据犯罪轻重，并考虑自首的具体情节。被采取强制措施的犯罪嫌疑人、被告人和已宣判的服刑人员，如实供述司法机关尚未掌握的罪行，与司法机关已掌握的或者判决确定的罪行属同种罪行的，可以酌情从轻处罚；如实供述的同种罪行较重的，一般应当从轻处罚。

犯罪分子到案后有检举、揭发他人犯罪行为，包括共同犯罪案件中的犯罪分子揭发同案犯共同犯罪以外的其他犯罪，经查证属实；提供侦破其他案件的重要线索，经查证属实；阻止他人犯罪活动；协助司法机关抓捕其他犯罪嫌疑人（包括同案犯）；具有其他有利于国家和社会的突出表现的，应当认定为有立功表现。共同犯罪案件的犯罪分子到案后，揭发同案犯共同犯罪事实的，可以酌情予以从轻处罚。

（七）自首自动投案如何认定？

1. 关于罪行尚未被司法机关发觉，仅因形迹可疑，被有关组织或司法机关盘问、教育后，主动交代自己罪行的投案。这是实践中分歧较大的问题，争议的焦点在于如何理解罪行尚未被司法机关发觉的问题上。

罪行尚未被发觉是指司法机关尚不知发生了该起犯罪或者知道有该起犯罪发生，但没有发觉被盘查人可能就是实施者。仅因形迹可疑被盘问教育，应当指此人可能有违法犯罪行为，但司法机关并没有发觉，在盘问时，此人主动交代了司法机关意料之外的罪行。只有在这种情况下才可视为自动投案，因为它反映了一个人的主动性，这种情形通常性在公共场所的治安巡逻时或对重点人口的监控上。

实践中有很多的刑事案件都是侦查机关在只掌握了一定的侦查线索或构成重大嫌疑的证据后，传讯嫌疑人，其供述犯罪后，再依据供述进一步搜集完善证据。如果将这种情形理解为罪行尚未发觉不仅有失偏颇，而且会使自首的适用扩大化。实际上，很多构成嫌疑的依据在破案后也为定案的间接证据，侦破案件是个不断发现新证据、不断验证嫌疑的过程，在这个过程中，侦查机关接触犯罪嫌疑人可能早些，可能晚些，也可能是在获取有力的定罪证据后才传讯嫌疑人。无论哪个阶段，都不能视为尚未发觉嫌疑人的犯罪。

不应当认为，当某人已被侦查机关确定为某起犯罪的嫌疑人后，就属于犯罪事实，嫌疑人已被发觉，该嫌疑人只有主动到司法机关投案并如实交代罪行才构成自首，如果是在被传讯、被盘问的情况下供述该起犯罪，所供述的内容是在侦查范围之内的，缺乏主动性，因而应当视为坦白。也就是说，犯罪嫌疑人与形迹可疑是不同含义的概念，前者是特指某起犯罪的嫌疑人，属于侦查对象；后者是泛指可疑，属于一般性审查对象。

2. 关于犯罪嫌疑人的亲友送其投案，在最高法院的司法解释中规定，并非出于犯罪嫌疑人主动，而是经亲友主动报案后将犯罪嫌疑人送去投案的，应视为主动投案。对这一规定实践中容易产生歧义的是亲友送犯罪嫌疑人投案，是否要求犯罪嫌疑人本身应具有主动性。笔者认为，亲友送犯罪嫌疑人投案仍然存在着犯罪嫌疑人的主动性问题。适用这一自动投案的情形，不仅要求亲友主动报案同时要求犯罪嫌疑人对被送去投案主观上的认可，否则就不能视为自动投案。

3. 关于准备投案。经查实犯罪行为人确已准备去投案的，最高人民法院的司法解释将其视为自动投案。因这种情况不同于犯罪嫌疑人正在投案途中被捕获，故实践中较难把握，认识亦不一致。对这种准备去自首的认定要综合全案进行分析，务必查证属实，绝不能仅靠犯罪行为人的供述认定。

（八）犯罪后逃跑再自首的还是自首吗?

《刑法》第六十七条将自首分为一般自首和准自首两种情况，即犯罪以后自动投案，如实供述自己的罪行的，是自首；被采取强制措施的犯罪嫌疑人、被告人和正在服刑的服刑人员，如实供述司法机关还未掌握的本人其他罪行的，以自首论。从立法本意不难看出，设立自首制度的目的在于：一是鼓励犯罪分子主动归案，争取宽大处理；二是有利于降低司法成本，提高破案效率。这充分体现了我国《刑法》惩罚与宽大相结合的价值取向原则，给犯罪分子以悔过自新的机会。

当然，犯罪后外逃其目的在于逃避法律的制裁，但也不能因此而否定其主动投案的积极行为，否则，无异于在鼓励犯罪分子顽抗到底。这无疑不利于司法机关及时侦结与审理案件，无论是从法律效果还是从社会效果来看，其负面影响都是不容置疑的。因而，从法律规定和司法实践来看，视外逃后再主动投案为自首，给外逃犯罪分子一个悔过自新的机会，完全符合法律的规定。

（九）犯罪后逃跑再自首的如何处理？

《刑法》第六十七条规定，对于自首的犯罪分子，可以从轻或者减轻处罚。其中，犯罪较轻的，可以免除处罚。

我们以为，一是对闻风而逃后再投案自首的贪官，在定罪量刑时不能忽略其加重处罚的情节；二是同比情况下，犯罪后外逃再自首与不外逃这两者，在定罪量刑上，前者应重于后者。众所周知，犯罪后外逃目的在于逃避法律制裁，其主观恶性大，社会影响坏，相对于不逃或投案自首者，其行为应构成加重处罚情节。一方面，由于外逃使案件无法及时侦破，不能有效地打击犯罪、惩罚犯罪；另一方面，由于外逃犯流窜在外，易重新犯罪，造成社会不安定因素增加。特别是领导者干部职务犯罪，由于贪污贿赂犯罪案件大多属于高智能犯罪，尤其是一对一的贿赂案件，一旦犯罪嫌疑人闻风而逃，轻则延误办案时机，增大司法成本，难以深挖余罪和串案；重则难以成案，使大案化小、小案化了，逃避法律追究。

（十）自首需要满足什么条件？

《中华人民共和国刑法》规定，自首需要满足两个条件：自动投案和如实供述自己的罪行。正确理解投案是认定自首的关键。《最高人民法院关于处理自首和立功具体应用法律若干问题的解释》对自动投案解释为：犯罪事实或者犯罪嫌疑人未被司法机关发觉，或者虽被发觉，但犯罪嫌疑人尚未受到讯问、未被采取强制措施时，主动、直接向公安机关、人民检察院或者人民法院投案。

（十一）接电话通知后投案的是自首吗？

对于犯罪嫌疑人接受司法机关的电话通知到司法机关接受处理，能否认定自动投案，目前司法实践通说的观念是应当予以认定，概括为以下理由：一是犯罪嫌疑人归案具有主动性。虽然犯罪嫌疑人已经被发现，但接到司法机关的通知，即前去接受处理，不能认为是被动归案，具有主动性。设想，如果在公安机关通知接收处理后潜逃了，通缉后回来投案，按《解释》规定还成立自首，老老实实去公安机关处理却不成立自首，不符合常理。此外，《解释》规定，并非出于犯罪嫌疑人主动，而是经亲友陪同投案的。公安机关通知犯罪嫌疑人的亲友或者亲友主动投案后，将犯罪嫌疑人送去投案的，视为自动投案。通知本人后，本人自行前去接受处理的，反而不是自动投案，根据举重以明轻原理，认定自动投案符合立法原理；二是符合刑事诉讼效率原则。司法资源节约是刑事诉讼法的立法意图，理解自动投案不能过分狭隘。通知后到案并被采取强制措施，只要能促进案件迅速审结，应认定为自动投案，如实供述犯罪事实，应认定为自首；三是电话通知行为，不属于刑事诉讼规定的强制措施。根据刑诉法的规定，司法机关对犯罪嫌疑人的强制措施包括拘传、取保候审、监视居住和逮捕。捎口信、电话通知，不属于上述范围，也不属于讯问。因此，通知后到案认定自动投案，不违反司法解释的规定。

（十二）特别自首指什么？

《中华人民共和国刑法》第六十七条第二款规定：被采取强制措施的犯罪嫌疑人、被告人和正在服刑的服刑人员，如实供述司法机关还未掌握的本人其他罪行的，以自首论。这一规定从立法上放宽了自首的成立条件，扩大了自首的适用范围，是对自首制度的补充和完善。与一般自首应具备自动投案、如实供述自己罪行两个成立要件相比，以自首论的成立条件只需如实供述司法机关还未掌握的本人其他罪行即可。

由于犯罪分子人身自由受限，因此不可能做到自动投案，但其能如实供述司法机关还未掌握的本人其他罪行，这说明犯罪分子在其他罪行的供述上具有主动性，由于这一供述的主动性与投案的自动性有一定的相似性，从而成为立法上确立以自首论的理论依据。笔者下面将结合《最高人民法院关于处理自首和立功具体应用法律若干问题的解释》（以下简称《解释》）中的有关规定及司法实践中碰到一些问题，围绕以自首论的成立要件，浅谈对以自首论的理解和适用并提出一定的意见和建议。

（十三）特别自首的主体范围有哪些？

依照《刑法》和《解释》的规定：以自首论的主体范围，是指被采取强制措施的犯罪嫌疑人、被告人和正在服刑的服刑人员。专指因刑事犯罪而被采取强制措施或处罚的人身自由受限的人。所谓强制措施，是指逮捕、刑事拘留、监视居住、取保候审和拘传。同时，对于在侦查中受到依法传唤的犯罪嫌疑人、被告人如实供述司法机关还未掌握的本人其他罪行的，也符合以自首论的主体范围。所谓正在服刑，是指人民法院的判决已发生法律效力，对犯罪分子正在执行死缓、无期徒刑、有期徒刑、拘役、管制。对于被判处拘役、有期徒刑宣告缓刑和假释、监外执行的犯罪分子，在缓刑考验期间、假释期间、监外执行期间如实供述司法机关还未掌握的本人其他罪行的，也符合以自首论的主体范围。

二十九、立功

（一）构成立功的条件有哪些？

立功，是指犯罪分子投案自首后，在主动交代自己的犯罪事实的同时，揭发他人的犯罪行为，经查证属实，或者犯罪分子提供重要线索，使案件得以侦破的行为，可视为立功。揭发他人的犯罪行为，是指揭发他人与自己共同犯罪的事实和揭发他人单独或他人与第三人共同犯罪的事实。揭发他人的犯罪事实，应当符合：

1. 确有犯罪事实存在，而不是违法和违反道德的行为。

2. 揭发的犯罪事实和犯罪行为人是司法机关尚未发现的犯罪事实。

3. 揭发的犯罪事实经司法机关查证属实。

揭发他人的犯罪行为，可以是正在交代自己犯罪事实的服刑人员，也可以是被采取强制措施的服刑人员，还可以是正在服刑改造的在押犯。

（二）劝同案犯自首算立功吗？

我国《刑法》规定的立功制度的重要意义在于激励犯罪分子悔过自新并积极协助司法机关及时查处犯罪、提高办案效率，从而更好地实现刑罚的惩罚和教育改造功能。符合法律规定的精神。根据《刑法》第六十八条和最高人民法院《关于处理自首和立功具体应用法律若干问题的解释》第五条规定，犯罪分子协助司法机关抓捕其他同案犯的行为应当认定为具有立功表现，这就充分肯定了促使同案犯归案行为的积极意义。

规劝同案犯自首的行为，不仅完全具备了与协助抓捕行为相一致的促使同案犯归案的行为特性，而且省去了司法机关的抓捕环节、确保了该同案犯认罪伏法，较之协助抓捕行为更具有效率性和经济性，更应当认定为立功表现。可以鼓励犯罪分子积极规劝同案犯自首。

（三）立功包括哪些情形？

《刑法》第六十八条第一款规定了立功的两种形式：

1. 犯罪分子揭发他人的犯罪行为，并经查证属实的。犯罪分子被羁押或者归案后，不仅如实地交代自己的犯罪，而且还主动地揭发其他人的犯罪行为，包括揭发同案犯共同犯罪事实以外的其他犯罪行为。这种揭发必须经司法机关查证属实。如果经过查证，发现其揭发的情况不是事实，或者无法证实，或者不属于犯罪行为，则这种的揭发不是立功。

2. 犯罪分子提供重要线索，使侦查机关从而得以侦破其他案件的。重要线索应是指司法机关尚未掌握的重要犯罪线索，即能够证明犯罪的重要事实、犯罪人或者有关证人等。提供的重要线索必须是实事求是的，司法机关能够据此查明犯罪，侦破案件。如果经过侦查，发现提供的线索不实，或者无法证明发生过犯罪，或者不属于犯罪行为的，就不应当认为是立功。

（四）共同犯罪如何认定立功？

共同犯罪中同案犯的基本情况，包括同案犯姓名、住址、体貌特征、联络方式等信息，属于被告人应当供述的范围。公安机关根据被告人供述抓获同案犯的，不应认定其有立功表现。

被告人在公安机关抓获同案犯过程中确实起到协助作用的，例如，经被告人现场指认、辨认抓获了同案犯；被告人带领公安人员抓获了同案犯；被告人提供了不为有关机关掌握或者有关机关按照正常工作程序无法掌握的同案犯藏匿的线索，有关机关据此抓获了同案犯；被告人交代了与同案犯的联系方式，又按要求与对方联络，积极协助公安机关抓获了同案犯等，属于协助司法机关抓获同案犯，应认定为立功。

（五）立功的表现形式有哪些？

1. 揭发他人的犯罪行为。犯罪人之间往往互相了解各自的犯罪行为，犯罪人在归案以后，不仅交代自己的罪行，而且揭发检举他人的犯罪行为，因此是一种立功表现。

2. 提供重要线索。指犯罪人提供未被司法机关掌握的各种犯罪线索，例如，证明犯罪行为的重要事实或有关证人等。除上述《刑法》列举的两种立功表现以外，下述情形也应视为立功：

（1）协助司法机关缉捕其他服刑人员。犯罪人协助司法机关缉捕在逃的服刑人员，可以节省司法成本。因此，这种行为应视为立功表现。应当指出，犯罪人协助司法机关缉捕的其他服刑人员，既可以是与其无关的，也可以是其同案犯。只要确实协助司法机关捕获服刑人员，就应视为立功表现。

（2）犯罪人在羁押期间，遇有其他在押犯自杀、脱逃或者其他严重破坏监视行为的，及时向看守人员报告。

（3）遇有自然灾害、意外事故奋不顾身加以排除，等等。

（六）一般立功有哪些情形？

一般立功，是指犯罪分子揭发他人犯罪行为，查证属实，或者提供重要线索，从而得以侦破其他案件等行为。

1. 立功的主体仅适用于犯罪者本人，没有犯罪的人不能成为《刑法》意义上的立功主体。从这个意义上讲，服刑人员亲属、朋友即使实施了立功的一些行为，也不能视作是犯罪者本人的立功表现，其法律后果犯罪者本人不能享有。但立功可以存在于侦查、起诉、审判到劳改的任何一个阶段，在这些阶段中，服刑人员如果立功表现成立，均要依法从轻、减轻或者免除处罚；从立功的时机看，只适用于犯罪分子犯罪以后刑满释放前这一阶段，超过这一时期则不能作为《刑法》的立功主体。因此正确区分立功的主体，是认定立功的前提条件。

2. 立功的主观方面，可以是自愿行为，也可以是经教育后检举、揭发他人犯罪的行为。对于检举、揭发者的动机，《刑法》及司法解释上未加以限制，这也就是说，不论犯罪分子出于何种动机，只要犯罪分子有立功的表现，并且达到预期的后果，即应依法从轻、减轻或者免除处罚。

3. 立功的客观方面，必须是实施了具体检举、揭发他人犯罪的行为。但是必须与本犯罪分子的罪行无直接的因果关系，即系他人的罪行，而不是自己的罪行。如王某因寻衅滋事被逮捕后，在关押期间又主动交代了公安机关没有掌握的三起抢劫的犯罪事实，对此，只能认定其自首而不能认定立功。

4. 立功的行为与预期的结果要有因果关系。犯罪分子检举、揭发他人的犯罪事实、证据、线索，经公安机关侦查与犯罪分子检举、揭发相一致，并使被检举人受到法律追究。如果犯罪分子检举、揭发的事实与公安机关侦查的事实不一致或者侦破的是其他类型案件，则不能认为犯罪分子有立功表现。

(七)重大立功的标准是什么?

重大立功是犯罪分子检举、揭发他人重大犯罪行为，经查证属实；提供侦破其他重大案件的线索，经查证属实；阻止他人重大犯罪活动；协助司法机关抓捕其他犯罪重大犯罪嫌疑人(包括同案犯)；对国家和社会有其他重大贡献等表现。

所称“重大犯罪”“重点案件”“重大犯罪嫌疑人”的标准，一般是指犯罪嫌疑人，被告人可能被判处无期徒刑以上刑罚或者案件在本省、自治区、直辖市或者全国范围内有较大影响的情形。

重大立功所称“重大犯罪”“重点案件”“重大犯罪嫌疑人”的标准，一般是指犯罪嫌疑人，被告人可能被判处无期徒刑以上刑罚或者案件在本省、自治区、直辖市或者全国范围内有较大影响的情形。

案件在本省、自治区、直辖市或全国范围内是否有重大影响，可从被检举人的身份、犯罪的性质、动机、手段、民愤大小及被害人的身份情况等方面考虑。

(八)什么是准立功?

准立功不是立功，是因缺失立功的部分要件而成立的行为形态。比如，在案发时的行为，而不是归案后的行为，不能认定为具有立功表现。但若该行为得到的最终结果和具有立功表现得出的后果是一致的，则该行为有其积极的一面，大大节约了司法资源，降低了司法成本，有利于国家和社会的，应该进行肯定，并在处罚时将该行为结合犯罪分子的其他情节综合考虑，对犯罪分子从轻或者减轻处罚，以求得社会效果和法律效果的有机统一。

我国目前均还没有出现共同立功的规定，但《刑法》也没有否认共同立功情形的存在，但实践中确实存在共同立功情形，如两个或两个以上犯罪分子共同阻止他人犯罪、共同协助司法机关抓获、共同实施其他有利于国家和社会的行为等均属于共同立功；比照共同犯罪，共同立功应包括以下几点：(1)主体要件必须是两个或两个以上已归案的犯罪分子；(2)具有共同立功的故意；(3)实施了共同立功的行为，且共同的行为均起到直接的有利于社会的作用；(4)立功行为被查证属实。

（九）协助司法机关抓捕未果是立功吗？

司法实践中，人们对犯罪分子协助司法机关抓捕未果的行为能否认定立功，意见分歧较大。从协助抓捕的行为看，犯罪分子有悔罪表现，具备立功的悔罪性特征。确定协助行为是否有效，要综合考虑客观情况，比如被捕者的行为、警方的抓捕措施等等，不能把抓捕未果的责任完全归于协助者。所以在认定有效性上不能一概而论。值得注意的是，协助抓捕无责任能力人也应成立立功，因为虽然主体不适格者的行为不属于犯罪行为，但他仍然属于犯罪嫌疑人，到底能够成为服刑人员和被认定为犯罪行为是另外的司法审判的结果，这并不侵害无责任能力人的合法权益，因为他最终并不会被定罪处刑。

（十）怎样处罚有立功表现的犯罪分子？

根据《刑法》第六十八条的规定，对于有立功表现的犯罪分子应按以下不同情形分别予以从宽处罚：

1. 犯罪分子有一般立功表现的，可以从轻或者减轻处罚。

这里所说的“一般立功”，是指犯罪分子揭发并查证属实的他人罪行属于一般罪行；犯罪分子提供重要线索并据以侦破的案件属于一般案件等等。

2. 犯罪分子有重大立功表现的，可以减轻或者免除处罚。

这里所说的“重大立功”，是指经犯罪分子揭发并查证属实的他人罪行属于重大罪行；犯罪分子提供重要线索并据以侦破了重大案件，等等。

属于重大立功的具体情形有：犯罪分子揭发他人重大罪行，查证属实的；提供侦破重大案件的重要线索，经查证属实的；阻止他人的重大犯罪活动的；协助司法机关缉捕其他重大犯罪嫌疑人的；对国家和社会有其他重大贡献等突出表现的。

附带指出，前面所说的“重大案件”“重大犯罪嫌疑人”“重大罪行”的标准，一般是指犯罪嫌疑人、被告人可能被判处无期徒刑以上刑罚，或者在本省、自治区、直辖市或者在全国范围内有较大影响的案件等情况。

3. 犯罪分子犯罪后自首又有重大立功表现的，应当减轻或者免除处罚。

第三章

强制措施及诉讼程序

一、什么是刑事拘留？

（一）对于哪些人可以刑事拘留？

根据法律规定公安机关对于现行犯或者重大嫌疑分子，如果有下列情形之一的，可以先行拘留：

1. 在身边或者住处发现有犯罪证据的。

2. 犯罪后企图自杀、逃跑或者在逃的。

3. 有毁灭、伪造证据或者串供可能的。

4. 正在预备犯罪、实行犯罪或者在犯罪后即时被发觉的。

5. 不讲真实姓名、住址，身份不明的。

6. 有流窜作案、多次作案、结伙作案重大嫌疑的。公安机关在异地执行拘留、逮捕的时候，应当通知被拘留、逮捕人所在地的公安机关，被拘留、逮捕人所在地的公安机关应当予以配合。

（二）刑事拘留有法定期限吗？

由于刑事拘留是一种临时性强制措施，所以我国《刑事诉讼法》第八十九条规定了其法定期限：

1. 公安机关对被拘留的人，认为需要逮捕的，应当在拘留后的三日以内，提请人民检察院审查批准。在特殊情况下，提请审查批准的时间可以延长一至四日。

2. 对于流窜作案、多次作案、结伙作案的重大嫌疑分子，提请审查批准的时间可以延长至三十日。

3. 人民检察院应当自接到公安机关提请批准逮捕书后的七日以内，作出批准逮捕或者不批准逮捕的决定。人民检察院不批准逮捕的，公安机关应当在接到通知后立即释放，这就是说，拘留剥夺人身自由的期限，一般为十日，特殊情况下为十四日；对流窜作案、多次作案、结伙作案的重大嫌疑分子，拘留后羁押时间可长达三十七日。

犯罪嫌疑人、被告人及其法定代理人、近亲属或犯罪嫌疑人、被告人委托的律师及其他辩护人对于人民法院、人民检察院或者公安机关采取强制措施超过法定期限的，有权要求解除强制措施。

二、什么是逮捕?

（一）对于哪些人可以予以逮捕?

根据我国《刑事诉讼法》第七十九条规定对有证据证明有犯罪事实，可能判处徒刑以上刑罚的犯罪嫌疑人、被告人，采取取保候审尚不足以防止发生下列社会危险性的，应当予以逮捕：

1. 可能实施新的犯罪的。

2. 有危害国家安全、公共安全或者社会秩序的现实危险的。

3. 可能毁灭、伪造证据，干扰证人作证或者串供的。

4. 可能对被害人、举报人、控告人实施打击报复的。

5. 可能自杀或者逃跑的。

对有证据证明有犯罪事实，可能判处十年有期徒刑以上刑罚的，或者有证据证明有犯罪事实，可能判处徒刑以上刑罚，曾经故意犯罪或者身份不明的，应当予以逮捕。

被取保候审、监视居住的犯罪嫌疑人、被告人违反取保候审、监视居住规定，情节严重的，可以予以逮捕。

（二）批准逮捕的程序怎样进行?

1. 公安机关提请逮捕。

《刑事诉讼法》第六十六条规定："公安机关要求逮捕犯罪嫌疑人的时候，应当写出提请批准逮捕书；连同案卷材料、证据，一并移送同级人民检察院审查批准。"

2．人民检察院审查、批准逮捕。

人民检察院对公安机关提请批准逮捕的，由审查批捕部门办理。审查批捕部门应当指定办案人员审查。办案人员审查后，提出审查意见，审查批捕部门负责人审核后，报请检察长批准或决定。重大案件应当经检察委员会讨论决定。

3. 公安机关执行逮捕。

决定逮捕的，应当制作逮捕决定书，由公安机关执行，必要时人民检察院可以协助执行。

三、如何申请取保候审？

（一）取保候审指什么？

取保候审是公安机关、人民检察院、人民法院在刑事诉讼中针对犯罪嫌疑人、被告人所适用的一种刑事强制措施，其目的在于保证犯罪嫌疑人、被告人不逃避、妨碍侦查、起诉和审判活动，以保障刑事诉讼活动的顺利进行。根据《刑事诉讼法》第六十六条的规定，取保候审既可以采用提供保证人的方式，也可以采用交纳保证金的方式进行。

（二）取保候审有哪些方式？

1. 保证人保证。保证人保证方式又称人保。

2. 保证金保证。保证金保证方式又称财产保，是交纳保证金并出具保证书，保证犯罪嫌疑人、被告人在取保候审期间不逃避和妨碍侦查、起诉和审判，并随传随到的保证方式。

保证金应当以人民币现金交纳，被取保候审人违反《刑事诉讼法》第六十九条规定，依法应当没收保证金的，由县级以上执行机关作出没收部分或者全部保证金的决定。对同一犯罪嫌疑人、被告人决定取保候审的，不能同时适用保证人和保证金保证。

（三）取保候审保证金数额怎么确定？

1. 保证金的数额应当根据当地的经济发展水平、犯罪嫌疑人的经济状况、案件的性质、情节、社会危害性以及可能判处刑罚的轻重等情况，综合考虑确定。

2. 最高人民法院《关于执行中华人民共和国刑事诉讼法若干问题的解释》第七十一条规定：人民法院应当根据起诉指控犯罪的性质、情节、被告人的经济状况等因素，决定应当收取的保证金数额。令人遗憾的是，尽管上述关于保证金数额应如何确定的规定繁多，仍然没能有效根治司法实践中保证金收取颇为混乱的状况。

其突出表现就是保证金数额的确定存在相当程度的随意性，司法机关在此问题上自由裁量的空间过大，由此造成了所确定的保证金数额在不同地区、不同司法机关、不同案件、不同犯罪嫌疑人和被告人之间仍然严重地不平衡，少则一二千元，多则三五万元，甚至达到数十万元之巨，司法工作所要求的公平性、规范性、统一性由此受到了很大的冲击。

（四）如何办理取保候审？

1. 取保候审是指人民法院、人民检察院和公安机关对未被逮捕的犯罪嫌疑人、被告人，为防止其逃避侦查、起诉和审判，责令其提出保证人或交纳保证金，并出具保证书，保证随传随到的一种强制方法。

2. 依据法律规定，人民法院、人民检察院和公安机关对犯罪嫌疑人、被告人适用取保候审的法定情形是：可能判处管制、拘役或者独立适用附加刑的；可能判处有期徒刑以上刑罚，采取取保候审不致发生社会危险性。

3. 取保候审的执行机关是公安机关，通常由基层公安机关及其派出机构具体执行。取保候审有两种形式：保证人制度和保证金制度。保证人是由犯罪嫌疑人、被告人提出的为其担保的人，通常是犯罪嫌疑人、被告人的亲属或朋友。保证人应保证犯罪嫌疑人、被告人不逃避侦查、起诉和审判并随传随到。

4. 保证人必须具备以下条件：与本案无牵连；有能力履行保证义务；享有政治权利，人身自由未受到限制；有固定的住处和收入。凡符合上述条件的人，可以向公安、检察、审判机关提出申请，为犯罪嫌疑人、被告人办理取保候审手续。申请取保候审还可以交纳保证金的方式进行。

5. 保证金制度是随着经济生活的发展而确立的一种制度，在犯罪嫌疑人、被告人找不到保证人或不愿找保证人的情况下，可交纳一定数量的保证金，申请取保候审。保证金应当是人民币，并且因我国沿海地区和内地经济发展水平的不同，保证金数额的确定也有所不同。被羁押的犯罪嫌疑人、被告人如申请取保候审，应当提出保证人或者交纳保证金，否则其申请不能成立。

（五）取保候审都有哪些情形？

取保候审的适用对象一般是可能判处管制、拘役或者独立适用附加刑的犯罪嫌疑人、被告人，或者虽然可能判处有期徒刑以上刑罚，但采取取保候审不致发生社会危险性的犯罪嫌疑人、被告人。另外，还有一些特殊情形也可以取保候审：

1. 应当逮捕，但是患有严重疾病的，可以取保候审。

2. 应当逮捕，但是正在怀孕，或者正在哺乳自己不满一周岁的婴儿的妇女，可以取保候审。

3. 对拘留的犯罪嫌疑人，不符合逮捕条件的，公安机关可以决定取保候审。

4. 提请批准逮捕的，检察机关不批准逮捕，需要复议的，公安机关可以决定取保候审。

5. 移送起诉后，检察机关决定不起诉，需要复议复核的，公安机关可以决定取保候审。

6. 犯罪嫌疑人、被告人被羁押的案件，不能在刑事诉讼法规定的侦查羁押期限内、审查起诉期限内、一审、二审期限内办结的，对犯罪嫌疑人可以取保候审。

持有有效护照和有效出入境证件的，可能出境逃避侦查，但不需要逮捕的，可以取保候审。

对于累犯、犯罪集团的主犯、以自伤、自残等方法逃避侦查的犯罪嫌疑人、危害国家安全犯罪、暴力犯罪以及其他严重犯罪的犯罪嫌疑人，不得取保候审。

（六）取保候审有什么条件限制？

刑事诉讼中的取保候审，是指公安机关、人民检察院和人民法院责令犯罪嫌疑人、被告人提出保证人或者交纳保证金并出具保证书，以保证随传随到的一种强制方法。取保候审的条件为：

1. 可能判处管制、拘役或者独立适用附加刑的，即犯罪嫌疑人、被告人罪行较轻，没有必要逮捕，但有可能逃避侦查、起诉和审判及其他妨碍诉讼顺利进行的，应当采用取保候审。

2. 可能判处有期徒刑以上刑罚，采取取保候审不致发生社会危险性的，即犯罪嫌疑人，被告人罪行较重，但在采取取保候审时不致发生社会危险性，且没有逮捕必要时，应当采用取保候审。

3. 应当逮捕，但患有严重疾病，不宜羁押的，诸如因患病，生活不能自理的，可以取保候审。

4. 依法应当逮捕，但正在怀孕或者哺乳自己婴儿的。具有此种情形，在逮捕前发现的，就不能决定逮捕；在逮捕后发现的，则应变更强制措施，改用取保候审方法。

5. 对已被依法拘留的犯罪嫌疑人，经过讯问、审查，认为需要逮捕但证据不足的。这是指被拘留人可能判处有期徒刑以上刑罚，但缺乏证明其有犯罪事实的足够证据，在拘留的法定期限内不能收集到相应证据，而需继续收集证据的情形。

6. 已被逮捕羁押的犯罪嫌疑人、被告人，在法定的侦查、起诉、一审、二审的办案期限内不能结案，采用取保候审方法没有社会危险性的。

四、如何提出申诉和控告？

（一）什么情况下可以提出申诉和控告？

在押人员提出申诉控告的情况主要有：（1）《刑事诉讼法》第十四条规定：“人民法院、人民检察院和公安机关应当保障犯罪嫌疑人、被告人和其他诉讼参与人依法享有的辩护权和其他诉讼权利。诉讼参与人对于审判人员、检察人员和侦查人员侵犯公民诉讼权利和人身侮辱的行为，有权提出控告。”（2）《刑事诉讼法》第一百一十五条规定：“当事人和辩护人、诉讼代理人、利害关系人对于司法机关及其工作人员有下列行为之一的，有权向该机关申诉或者控告：①采取强制措施法定期限届满，不予以释放、解除或者变更的；②应当退还取保候审保证金不退还的；③对与案件无关的财物采取查封、扣押、冻结措施的；④应当解除查封、扣押、冻结不解除的；⑤贪污、挪用、私分、调换、违反规定使用查封、扣押、冻结的财物的。”

（二）接到申诉控告后司法机关如何处理？

1. 公安机关、人民检察院或者人民法院对于报案、控告、举报，都应当接受。对于不属于自己管辖的，应当移送主管机关处理，并且通知报案人、控告人、举报人；对于不属于自己管辖而又必须采取紧急措施的，应当先采取紧急措施，然后移送主管机关。

2. 人民法院、人民检察院或者公安机关对于报案、控告、举报和自首的材料，应当按照管辖范围，迅速进行审查，认为有犯罪事实需要追究刑事责任的时候，应当立案；认为没有犯罪事实，或者犯罪事实显著轻微，不需要追究刑事责任的时候，不予立案，并且将不立案的原因通知控告人。控告人如果不服，可以申请复议。

五、犯罪嫌疑人接受侦查机关讯问时应注意哪些问题？

（一）侦查人员与案件有利害关系怎么办？

对于侦查人员、鉴定人、记录人、翻译人员有下列情形之一的，有权申请他们回避：（1）是本案的当事人或者是当事人的近亲属的；（2）本人或者他的近亲属和本案有利害关系的；（3）担任过本案的证人、鉴定人、辩护人、诉讼代理人的；（4）与本案当事人有其他关系，可能影响公正处理案件的。

（二）核对讯问笔录应当注意什么？

询问笔录是刑事案件证据之一，也是人民法院认定案件事实的重要依据。根据《刑事诉讼法》的规定，对于没有阅读能力的，应当向他宣读。如果记载有遗漏或者差错，犯罪嫌疑人可以提出补充或者改正。犯罪嫌疑人承认笔录没有错误后，应当签名或者盖章。侦查人员也应当在笔录上签名。犯罪嫌疑人请求自行书写供述的，应当准许。必要的时候，侦查人员也可以要犯罪嫌疑人亲笔书写供词。

（三）讯问时是否应当进行录像？

讯问时录像能够有效避免刑讯逼供的情形发生，《刑事诉讼法》规定，侦查人员在讯问犯罪嫌疑人的时候，可以对讯问过程进行录音或者录像；对于可能判处无期徒刑、死刑的案件或者其他重大犯罪案件，应当对讯问过程进行录音或者录像。录音或者录像应当全程进行，保持完整性。

六、刑事诉讼中羁押的期限怎么计算?

(一)侦查阶段的期限怎么计算?

在侦查阶段，羁押分拘留和逮捕两种形式，其中拘留又分为公安机关侦查案件和检察机关自侦案件两种情况。

拘留:(1)公安机关侦查案件:羁押期限为十四日。这十四日包括:对被拘留的人，认为需要逮捕的，应当在拘留后的三日以内，提请人民检察院审查批捕。在特殊情况下，提请审查批准的时间可以延长一至四日。人民检察院审查批准逮捕的期限为七日。但对于流窜作案、多次作案、结伙作案的重大嫌疑分子，法律规定提请审查批准的时间可以延长至三十日;(2)检察机关自侦案件:羁押期限为十四日。对被拘留的人，认为需要逮捕的，应当在十日以内作出决定。在特殊情况下，决定逮捕的时间可以延长一至四日。

逮捕:对犯罪嫌疑人逮捕后的侦查羁押期限不得超过二个月。案情复杂、期限届满不能终结的案件，可以经上一级人民检察院批准延长一个月。对于以下四类案件:(1)交通十分不便的边远地区的重大复杂案;(2)重大的犯罪集团案件;(3)流窜作案的重大复杂案件;(4)犯罪涉及面广，取证困难的重大复杂案件。在期限届满时不能侦查终结的，经省级人民检察院批准或决定，可以再延长二个月。对犯罪嫌疑人可能判处十年有期徒刑以上刑罚的，此期限届满仍不能侦查终结的，经省级人民检察院批准或决定，还可再延长二个月。对于特别重大复杂的案件,《刑事诉讼法》第一百二十五条规定，因特殊原因，在较长时间内不宜交付审判的特别重大复杂的案件，由最高人民检察院报请全国人大常委会批准延期审查。

此外，对于羁押期限起算的时间，有三种特殊情况:在侦查期间，发现犯罪嫌疑人另有重要罪行的，自发现之日起重新计算期限;犯罪嫌疑人不讲真实姓名、住址，身份不明的，侦查羁押期限自查清其身份之日起计算，但不得停止对其犯罪行为的侦查取证;对犯罪嫌疑人作精神病鉴定的期间不计入办案期限。

（二）审查起诉阶段的期限怎么计算？

审查起诉阶段的羁押期限为一个月。重大、复杂的案件，可以延长半个月。改变管辖的，从改变后的人民检察院收到案件之日起重新计算期限；《刑事诉讼法》第一百四十条规定，人民检察院审查案件，对于需要补充侦查的，可以退回公安机关补充侦查，也可以自行侦查。对于补充侦查的案件，应当在一个月以内补充侦查完毕。补充侦查以二次为限，不能超过二次。补充侦查完毕移送人民检察院后，人民检察院重新计算审查起诉期限。

（三）审判阶段的期限怎么计算？

人民法院审理公诉案件，应当在受理后二个月以内宣判，至迟不得超过三个月。对于可能判处死刑的案件或者附带民事诉讼的案件以及有本法第一百五十六条规定情形之一的，经上一级人民法院批准，可以延长三个月；因特殊情况还需要延长的，报请最高人民法院批准。人民法院改变管辖的案件，从改变后的人民法院收到案件之日起计算审理期限。人民检察院补充侦查的案件，补充侦查完毕移送人民法院后，人民法院重新计算审理期限。

第二审人民法院受理上诉、抗诉案件，应当在二个月以内审结。对于可能判处死刑的案件或者附带民事诉讼的案件以及有本法第一百五十六条规定情形之一的，经省、自治区、直辖市高级人民法院批准或者决定，可以延长二个月；因特殊情况还需要延长的，报请最高人民法院批准。最高人民法院受理上诉、抗诉案件的审理期限，由最高人民法院决定。

七、刑事诉讼中如何确定案件的审理法院？

（一）基层人民法院管辖的第一审刑事案件是哪些？

《刑事诉讼法》第十九条规定，基层人民法院管辖第一审普通刑事案件，但是依照本法由上级人民法院管辖的除外。可见，基层人民法院管辖的只能是变通刑事案件。从刑事诉讼法的规定看，所谓变通刑事案件，是指危害国家安全案件和外国人犯罪案件之外的案件。但是，并不是所有的变通刑事案件都由基层人民法院进行第一审审判。虽然属于普通刑事案件，但可能判处无期徒刑或者死刑时，要由中级以上人民法院进行第一审审判。尽管如此，绝大多数刑事案件实际上都要是由基层人民法院进行第一审，审判任务是十分繁重的。法律之所以这样规定，是因为基层人民法院在人民法院组织体系中数量最多，而且案件的发生地都要在其辖区内，由其进行审判，便于核查证据，也便于诉讼参与人参加诉讼。

（二）中级人民法院管辖的第一审刑事案件是哪些？

《刑事诉讼法》第二十条规定，中级人民法院管辖下列第一审刑事案件：（1）反革命案件、危害国家安全案件。由于《刑事诉讼法》修改时，《刑法》还没有修改，《刑法》有反革命罪的规定，《刑事诉讼法》就有对应性规定。《刑法》修改后，反革命罪名已被取消，所以，这类案件是指《刑法》分则第一章规定的危害国家安全罪案件；（2）可能判处无期徒刑、死刑的普通刑事案件。这是以可能判处的刑罚轻重为标准进行的界定；（3）外国人犯罪的刑事案件。这里的外国人包括具有外国国籍的人、无国籍人和国籍不明的人。立法上对中级人民法院管辖的第一审刑事案件采用了列举方式，但并不是说这三类案件必须由中级人民法院进行第一审，而是最低应由中级人民法院进行第一审，并不排除最高人民法院、高级人民法院对这些案件进行第一审。立法上之所以将这些案件规定为由中级以上人民法院进行第一审审判，是因为其性质严重，或案情重大复杂，影响范围大或处刑较重。由较高级别的法院进行第一审，又得保证办案质量。

（三）高级人民法院管辖的第一审刑事案件是哪些？

《刑事诉讼法》第二十一条规定：高级人民法院管辖的第一审刑事案件，是全省（自治区、直辖市）性的重大刑事案件。全省性重大刑事案件的标准，立法上没有规定，一般由高级人民法院认定和把握。实际上由高级人民法院审理的第一审刑事案件很少，这是与高级人民法院所处的位置和工作量负担相适应的。

（四）最高人民法院管辖的第一审刑事案件有哪些？

《刑事诉讼法》第二十二条规定，最高人民法院管辖的第一审刑事案件，是全国性质的重大刑事案件。事实上，由最高人民法院审判的第一审刑事案件十分罕见，仅有“四人帮”反革命案件的第一审由最高人民法院直接审判。

八、一审人民法院开庭审理是怎样进行的？

（一）什么是起诉书？犯罪嫌疑人什么时候可以收到起诉书？

起诉书是人民检察院在审查完毕侦查机关移送审查起诉的案件后，认为犯罪嫌疑人的犯罪事实已经查清，证据确实、充分，依法应当追究刑事责任，据此制作起诉书，按照审判管辖的规定，向人民法院提起公诉。

人民法院在收到起诉书及相关案卷材料后，根据各人民法院的实际情况确定合议庭的组成人员，并将人民检察院的起诉书副本至迟在开庭十日以前送达被告人。

（二）被告人收到起诉书后，应当注意的是什么？

收到人民法院送达的起诉书副本后，被告人应仔细核对起诉书载明的个人信息是否正确，起诉书指控的案件事实是否清楚，起诉书确定的罪名是否正确。对于错误的地方可以及时与辩护律师沟通，指出错误的依据，如果没有委托辩护律师，则应自行记录，在法庭上提出。

（三）开庭时的程序怎么进行？

人民法院确定开庭时间后，将依法通知辩护人出庭，根据案件实际情况可以通知被告人家属旁听。开庭时按照下列程序进行。

1. 开庭的时候，审判长传被告人到庭，查明被告人的下列情况：

（1）姓名、出生日期、民族、出生地、文化程度、职业、住址，或者被告单位的名称、住所地、诉讼代表人的姓名、职务。

（2）是否受过法律处分及处分的种类、时间。

（3）是否被采取强制措施及强制措施的种类、时间。

（4）收到起诉书副本的日期；有附带民事诉讼的，附带民事诉讼被告人收到附带民事起诉状的日期。

2. 审判长宣布案件的来源、起诉的案由、附带民事诉讼当事人的姓名及是否公开审理；不公开审理的，应当宣布理由。

3. 审判长宣布合议庭组成人员、书记员、公诉人名单及辩护人、鉴定人、翻译人员等诉讼参与人的名单。告知当事人及其法定代理人、辩护人、诉讼代理人依法享有的诉讼权利，并询问是否申请回避、申请何人回避和申请回避的理由。

4. 公诉人宣读起诉书，审判长询问被告人对起诉书的意见，被告人、被害人可以就起诉书指控的犯罪进行陈述。

5. 公诉人出示证据，由被告人、辩护人发表对证据的意见。

6. 公诉人讯问被告人，被害人、附带民事诉讼的原告人和辩护人、诉讼代理人，经审判长许可，向被告人发问，审判人员可以讯问被告人。

7. 公诉人发表公诉意见，被告人自行辩护，辩护人发表辩护意见，双方对有关的事实、证据进行调查、辩论。

8. 被告人发表最后陈述，审判长宣布休庭。

（四）开庭完毕后多久会宣判？

按照目前的实际情况，只有极少数的案件会当庭宣判判决结果，大部分的案件，法庭会在开庭完毕后案件审理的时限内进行宣判，一般情况下会在一个月左右宣判判决结果。部分案件可能会因为案件复杂、涉案人员多、情况复杂等等延期宣判或者再次开庭。

九、如何提起刑事上诉？

（一）拿到判决后，对判决结果不服怎么办？

被告人对判决结果不服，可以在收到判决之日起十日内以书面或者口头的方式提出上诉，上诉可以通过一审法院提出，也可以直接向上级人民法院提出。

（二）上诉不加刑是什么意思？

上诉不加刑是指第二审人民法院审理只有被告一方提出的上诉案件，上级法院不得以任何理由加重被告人的刑罚。

上诉不加刑的“不加刑”包括：

1. 同种刑种不得在量上增加。

2. 不得改变刑罚的执行方法，如将缓刑改为实刑，延长缓刑考验期，将死刑缓期执行改为立即执行等。

3. 不得在主刑上增加附加刑。

4. 不得改判较重的刑种，如将拘役六个月改为有期徒刑六个月。

5. 不得加重数罪并罚案件的宣告刑。

6. 不得加重共同犯罪案件中未提起上诉和未被提起抗诉的被告人刑罚。

7. 对事实清楚、证据充分，但判处的刑罚畸轻，或者应当适用附加刑而没有适用的案件，不得撤销第一审判决，直接加重被告人的刑罚或者适用附加刑，也不得以事实不清或者证据不足发回原审人民法院重新审理。必须依法改判的，应当在第二审判决、裁定生效后，按照审判监督程序重新审判。

上诉不加刑原则，只适用于被告人和他的法定代理人、辩护人、近亲属提起的上诉案件。而人民检察院提出抗诉的或者自诉案件自诉人提出上诉的，第二审人民法院对案件进行判决时，不受该原则的限制。

十、二审法院如何处理案件？

（一）二审案件多久移送到上级人民法院？

根据《刑事诉讼法》的规定，被告人、自诉人、附带民事诉讼的原告人和被告人通过原审人民法院提出上诉的，原审人民法院应当在三日以内将上诉状连同案卷、证据移送上一级人民法院，同时将上诉状副本送交同级人民检察院和对方当事人。被告人、自诉人、附带民事诉讼的原告人和被告人直接向第二审人民法院提出上诉的，第二审人民法院应当在三日以内将上诉状交原审人民法院送交同级人民检察院和对方当事人。

（二）二审程序的审理方式是什么？

人民法院对二审案件可以根据案件情况决定开庭或者不开庭审理，第二审人民法院决定不开庭审理的，应当讯问被告人，听取其他当事人、辩护人、诉讼代理人的意见。如果有以下情况之一的，应当开庭审理：（1）被告人、自诉人及其法定代理人对第一审认定的事实、证据提出异议，可能影响定罪量刑的上诉案件；（2）被告人被判处死刑立即执行的上诉案件；（3）人民检察院抗诉的案件；（4）应当开庭审理的其他案件。被判处死刑立即执行的被告人没有上诉，同案的其他被告人上诉的案件，第二审人民法院应当开庭审理。被告人被判处死刑缓期执行的上诉案件，虽不属于第一款第一项规定的情形，有条件的，也应当开庭审理。

第四章

刑罚执行及申诉规定

一、管制

（一）管制适用对象是什么？

管制是我国《刑法》规定的一种量刑种类。管制是对服刑人员不予关押，但限制其一定自由，由公安机关执行和群众监督改造的刑罚方法。判处管制的服刑人员仍然留在原工作单位或居住地工作或劳动，在劳动中应当同工同酬。管制的期限为三个月以上二年以下，数罪并罚时不得超过三年。

被判处管制刑的服刑人员须在公安机关管束和群众监督下进行劳动改造，其自由受到一定限制。限制服刑人员自由主要表现在限制服刑人员的政治自由、担任领导职务、外出经商、迁居等自由。管制适用于以下对象：

1. 罪行性质轻、危害小。我国《刑法》分则规定，可以适用管制的犯罪主要集中在妨害社会管理秩序罪和妨害婚姻家庭罪中，这些犯罪的共同特点是罪行性质不十分严重，社会危害性较小。

2. 人身危险性较小。管制并不剥夺犯罪人的人身自由，只是在一定程度上限制其人身自由，所以，适用管制刑的犯罪分子必须是人身危险性较小者，如果犯罪的人身危险性很大，管制将难以达到预防犯罪的目的。

（二）被管制的犯罪分子有哪些义务？

被判处管制的犯罪分子，在执行期间，应当遵守下列规定：

1. 遵守法律、行政法规，服从监督。

2. 未经执行机关批准，不得行使言论、出版、集会、结社、游行、示威自由的权利。

3. 按照执行机关规定报告自己的活动情况。

4. 遵守执行机关关于会客的规定。

5. 离开所居住的市、县或者迁居，应当报经执行机关批准。

6. 对于被判处管制的犯罪分子，在劳动中应当同工同酬。

二、拘役

（一）拘役的期限是多久？

根据《刑法》规定，拘役的期限为一个月以上六个月以下。拘役的刑期从判决之日起计算。判决以前先行羁押的，羁押一日折抵刑期一日，数罪并罚拘役不超过一年。

（二）拘役的适用于哪些对象？

拘役是我国《刑法》规定的一种量刑方式。拘役是短期剥夺犯罪人自由，就近实行劳动的刑罚方法。拘役由公安机关在就近的看守所或者其他监管场所执行，在执行期间，受刑人每月可以回家一天至两天，参加劳动的，可以酌量发给报酬。

被判处拘役的服刑人员，一般是指所犯罪行较轻，但具有一定的人身危险性。如非法剥夺他人人身自由罪，犯罪人只是对他人采取非法剥夺自由的手段，将其锁、捆在某一地点，其犯罪行为较轻，但这种行为就犯罪人本身而言，有可能随时危及他人人身安全、生命安全，对于这类犯罪，可给予拘役的刑事处罚。

从我国《刑法》分则有关拘役的规定可以看出，其适用对象具有以下几个特点：

1. 拘役一般只适用于犯罪性质比较轻微的犯罪。

2. 拘役多适用于社会危害性不大的犯罪。

3. 在我国《刑法》分则中，拘役既可适用于犯罪情节轻微，不需要判处有期徒刑的犯罪，也可以适用于本应判处短期徒刑，但具有从轻情节的犯罪。

三、有期徒刑

（一）有期徒刑刑期是多久？

《刑法》第四十五条规定，有期徒刑的期限为六个月以上十五年以下。但是，有两种情况例外：

第一，根据《刑法》第五十条的规定，判处死刑缓期执行的，在死刑缓期执行期间，如果没有故意犯罪，二年期满以后，减为无期徒刑；如果确有重大立功表现，二年期满以后，减为二十五年有期徒刑。

第二，根据《刑法》第六十九条的规定，判决宣告以前一人犯数罪的，除判处死刑和无期徒刑的以外，有期徒刑总和刑期不满三十五年的，最高不能超过二十年，总和刑期在三十五年以上的，最高不能超过二十五年。

（二）有期徒刑缓刑怎么执行？

对于被判处徒刑缓刑的服刑人员，由公安机关交所在单位或者基层组织予以考察。

对于被假释的服刑人员，在假释考验期限内，由公安机关予以监督。

被宣告缓刑的犯罪分子，在缓刑考验期限内，应当遵守《刑法》第七十五条规定的缓刑犯的行为准则。考验期内没有犯新罪、发现漏罪或违反规定的，则缓刑考验期满，原判的刑罚就不再执行，并公开予以宣告。

第一审判决尚未发生法律效力的，不能立即交付执行。如果被宣告缓刑的服刑人员在押，第一审人民法院应当先行作出变更强制措施的决定，改为监视居住或者取保候审，并立即通知有关公安机关。判决发生法律效力后，应当将法律文书送达当地公安机关。

被宣告缓刑、假释的犯罪分子，在缓刑、假释考验期限内再犯新罪或者被发现判决宣告以前还有其他罪没有判决，应当撤销缓刑、假释的，由审判新罪人民法院在审判新罪时，对原判决、裁定宣告的缓刑、假释予以撤销；如果原来是上级人民法院判决、裁定宣告缓刑、假释的，审判新罪的下级人民法院也可以撤销原判决、裁定宣告的缓刑、假释。审判新罪的人民法院对原审判决、裁定宣告的缓刑、假释撤销后，应当通知原宣告缓刑、假释的人民法院和执行机关。

四、无期徒刑

（一）什么是无期徒刑?

无期徒刑是介于有期徒刑和死刑之间的一种严厉的刑罚。无期徒刑是剥夺犯罪分子终身自由，并强制劳动改造的刑罚方法。无期徒刑的刑期从判决宣判之日起计算，判决宣判前先行羁押的日期不能折抵刑期，无期徒刑减为有期徒刑后，执行有期徒刑，先行羁押的日期也不予折抵刑期。

1. 剥夺犯罪分子的自由，即将犯罪分子关押在一定的场所，使其没有人身自由。

2. 剥夺自由是没有期限的，即剥夺犯罪分子的终身自由。需要指出的是，无期徒刑虽然就其词语意义上讲，是剥夺终身自由，实行无期限的关押，但实际上并不是将其所有被判处无期徒刑的犯罪分子都关押到死，而是只要犯罪分子有悔过自新的表现，就可以回归社会。根据《刑法》的规定，被判处无期徒刑的犯罪分子，在服刑期间的表现符合法定条件的，可以适用减刑或假释。

3. 强迫参加劳动，接受教育改造。被判处无期徒刑的犯罪分子，除无劳动能力的外，都必须参加无偿劳动，接受教育和改造。

4. 羁押时间不能折抵刑期。由于无期徒刑无刑期可言，因此判决执行之前先行羁押的时间不存在折抵刑期的问题。

5. 必须附加剥夺政治权利。根据《刑法》的规定，被判处无期徒刑的犯罪分子，必须附加剥夺政治权利终身。

（二）无期徒刑减刑后要执行多少年?

1. 判处无期徒刑的，减刑以后实际执行的刑期不能少于十三年。

2. 人民法院依照规定限制减刑的死刑缓期执行的犯罪分子，缓期执行期满后依法减为无期徒刑的，减刑以后实际执行的刑期不能少于二十五年，缓期执行期满后依法减为二十五年有期徒刑的，不能少于二十年。

五、死缓

（一）判处死缓是什么意思？

对于应当判处死刑的犯罪分子，如果不是必须立即执行的，可以判处死刑同时宣告缓期两年执行。这就是死缓制度。

（二）死缓怎么减刑？

判处死刑缓期执行的，在死刑缓期执行期间，如果没有故意犯罪，二年期满以后，减为无期徒刑；如果确有重大立功表现，二年期满以后，减为二十五年有期徒刑；死刑缓期执行服刑人员经过一次或几次减刑后，其实际执行的刑期不能少于十五年，死刑缓期执行期间不包括在内，即羁押期间不少于十七年。如果故意犯罪，查证属实的，由最高人民法院核准，执行死刑。

六、死刑

（一）死刑的适用范围有哪些？

在中国，死刑分为死刑并缓期二年执行（死缓），与死刑并立即执行两种死刑判决。

目前按国际惯例不适用死刑的人群：实施犯罪时未成年的人（中国为十八周岁）、审判时怀孕的女子、符合其他相关条件的人等。

中国法律规定，犯罪时不满十八周岁的人和审判的时候怀孕的妇女不适用死刑。审判的时候年满七十五周岁以上的人不适用死刑，但以特别残忍手段致人死亡的除外。

（二）死刑的量刑情节如何确定？

对于因婚姻家庭、邻里纠纷等民间矛盾激化引发的案件，因被害方的过错行为引起的案件，案发后真诚悔罪并积极赔偿被害人损失的案件，应慎用死刑立即执行。

因此，在“慎用死刑”政策的指导下，对以上几类情况的死刑案件应当侧重于把握“从宽处理”的原则。同时，对死刑案件中共同犯罪、情节犯罪等具体问题亦应明确死刑适用的原则。

1. 因婚姻家庭、邻里矛盾而引发的案件。

2. 被告人亲属积极赔偿经济损失，取得被害人及其亲属谅解的案件。

3. 被害人有一定过错的案件。

4. 被告人具有法定的从轻、减轻处罚情节和明显的酌定从轻处罚情节。

（三）能否因累犯从重情节适用死刑？

《刑法》第六十五条规定累犯应当从重处罚，这是相对于没有从重处罚情节时应承担的刑事责任而言，它必须根据其所实施的犯罪行为性质、情节、社会危害程度，确定其刑罚，不是一律判处法定最高刑。

在具有累犯情节的死刑案件中，首先应对被告人所犯之罪确定法定刑，再在法定刑幅度内对被告人从重处罚，应禁止因为法定刑为单一的无期徒刑或死缓刑或死刑立即执行而从下格刑升格到上格刑加重处罚。

在法定刑为“十年以上有期徒刑、无期徒刑或者死刑”的案件中，首先确定被告人所犯之罪应适用的法定刑，若应判处无期徒，不能仅因累犯情节，而升格量刑判处被告人死刑（包括死刑立即执行和死刑缓期二年执行）。

如果被告人所犯之罪应判处死刑缓期二年执行，在慎用死刑的今天，亦不能仅因累犯情节而加重判处被告人死刑立即执行。

只有如此，才符合“少杀、慎杀”的死刑政策，更好地实现“严格控制死刑”的目标。

（四）死刑执行应注意哪些事项？

关于执行死刑的方法，《刑事诉讼法》规定：“死刑采用枪决或者注射等方法执行。”“枪决”是用枪弹射击服刑人员致其死亡的执行死刑的方法，是我国长期使用的一种行刑方法；“注射”是指通过注射致命性药物使服刑人员死亡的执行方法，是1996年修改的《刑事诉讼法》中新设立的一种行刑方法。用注射方法执行死刑，具有执行方便、痛苦小、死亡迅速等特点，是更为人道、先进、文明的执行死刑方法。至于立法中“注射等方法”中的“等方法”是指比枪决、注射更为人道、科学、文明的方法。采用枪决、注射以外的其他方法执行死刑的，应当事先报请最高人民法院批准。

执行的地点选择在刑场或者指定的羁押场所内。所谓“刑场”是指传统意义上由执行机关设置的执行死刑的场所。刑场不得设在繁华地区、交通要道和旅游区附近。所谓“指定的羁押场所”是指人民法院指定的监狱或者看守所。执行死刑应严格控制刑场，除依法执行死刑的司法工作人员以外，其他任何人不准进入刑场。

负责指挥执行的审判人员应当对服刑人员验明正身。要认真细致地核对服刑人员的有关情况，查明其确系该判决认定的应当执行死刑的服刑人员，以确保执行无误。审判人员还应当询问服刑人员有无遗言、信札，并制作笔录。对于服刑人员的遗言、信札，人民法院应当及时进行审查，分别不同情况予以不同处理。在执行前，如果发现可能有错误，应当暂停执行，依法定程序报请最高人民法院裁定。

执行死刑应当公布。处决服刑人员的布告要选择在适当范围内，适当地点张贴，以使人民群众了解情况。

执行死刑后，在场书记员应当写成笔录。笔录应当记明执行的具体情况，包括执行死刑的时间、地点、方法、指挥执行的审判人员、临场监督的人民检察院检察人员、负责执行人员的姓名、执行死刑的具体情况等等。交付执行的人民法院应将执行死刑的情况以及所附执行死刑前后的照片，及时逐级报告核准死刑的最高人民法院。

执行死刑后，交付执行的人民法院应当通知服刑人员家属，做好服刑人员遗物、遗款清点移交工作。服刑人员执行死刑后的尸体或火化后的骨灰，通知其家属认领。服刑人员家属不予认领的，由人民法院通知有关单位处理。

死刑的执行，除应遵循上述程序外，还应处理好以下几个问题：

第一，执行死刑前，服刑人员提出会见其近亲属或者其近亲属提出会见服刑人员申请的，人民法院可以准许。

第二，对死刑犯的游街示众问题。在司法实践中，有些地方受旧习惯的影响，为制造声势，增强法律的威慑效果，将死刑犯插上写有姓名和罪状的标签，拉到繁华地区游街示众。这种做法是对服刑人员人格的侮辱，违反法律关于执行死刑不应示众的规定，而且，这样做容易对外造成不良影响。因此，最高人民法院、最高人民检察院、公安部等部门曾多次联合发出通知，严禁对死刑犯游街示众，以体现文明执法。

第三，对外国人执行死刑后，通知外国驻华使、领馆的程序和时限，应严格依照有关规定办理。

（五）什么情况下死刑应停止执行？

下级人民法院接到最高人民法院执行死刑的命令后，应当在七日以内交付执行。但是发现有下列情形之一的，应当停止执行，并且立即报告最高人民法院，由最高人民法院作出裁定：

1. 在执行前发现判决可能有错误的。

2. 在执行前服刑人员揭发重大犯罪事实或者有其他重大立功表现，可能需要改判的。

3. 服刑人员正在怀孕。

前款第一项、第二项停止执行的原因消失后，必须报请最高人民法院院长再签发执行死刑的命令才能执行；由于前款第三项原因停止执行的，应当报请最高人民法院依法改判。

（六）停止执行死刑的程序？

为确保死刑案件停止执行死刑程序依法规范进行，最高人民法院根据《中华人民共和国刑事诉讼法》等有关规定，结合刑事审判实践，制定并公布了《关于适用停止执行死刑程序有关问题的规定》（以下简称《规定》）。

《规定》明确，判决"可能有错误"包括下列情形：发现服刑人员可能有其他犯罪的；共同犯罪的其他犯罪嫌疑人归案，可能影响服刑人员量刑的；共同犯罪的其他服刑人员被暂停或者停止执行死刑，可能影响服刑人员量刑的；判决可能有其他错误的。

《规定》明确，最高人民法院对于依法已停止执行死刑的案件，依照下列情形分别处理：确认服刑人员正在怀孕的，应当依法改判；确认原裁判有错误，或者服刑人员有重大立功表现需要依法改判的，应当裁定不予核准死刑，撤销原判，发回重新审判；确认原裁判没有错误，或者服刑人员没有重大立功表现，或者重大立功表现不影响原裁判执行的，应当裁定继续执行原核准死刑的裁判，并由院长再签发执行死刑的命令。

（七）死刑立即执行的情形有哪些？

死刑是一种最严厉的不可逆转的刑罚方式，死刑的执行更加要谨慎。在司法实践中死刑的执行也是慎之又慎的，但是也有些死刑是立即执行的。

1. 中级人民法院判处死刑的第一审案件，被告人不上诉、人民检察院不抗诉的，在上诉、抗诉期满后三日内报请高级人民法院复核。高级人民法院同意判处死刑的，应当依法作出裁定后，报请最高人民法院核准；不同意判处死刑的，应当提审或者发回重新审判。

2. 中级人民法院判处死刑的第一审案件，被告人提出上诉或者人民检察院提出抗诉，高级人民法院裁定维持死刑判决的，报请最高人民法院核准；高级人民法院经第二审程序不同意判处死刑而改判为死缓的，则同时为核准程序，并立即发生法律效力，无须再报最高人民法院核准。

3. 高级人民法院判处死刑的第一审案件，被告人不上诉、人民检察院不抗诉的，在上诉、抗诉期满后三日内报请最高人民法院核准。

4. 依法应当由最高人民法院核准的死刑案件，判处死刑缓期二年执行的服刑人员，在死刑缓期执行期间，如果故意犯罪，查证属实，应当执行死刑的，由高级人民法院报请最高人民法院核准。

（八）死刑是怎么执行的？

被判处死刑缓期二年执行的服刑人员，在死刑缓期执行期间，如果没有故意犯罪，死刑缓期执行期满，应当予以减刑，由执行机关提出书面意见，报请高级人民法院裁定；如果故意犯罪，查证属实，应当执行死刑，由高级人民法院报请最高人民法院核准。最高人民法院判处和核准的死刑立即执行的判决，应当由最高人民法院院长签发执行死刑的命令。

人民法院在交付执行死刑前，应当通知同级人民检察院派员临场监督。死刑可以在刑场或者指定的羁押场所内执行，采用枪决或者注射等方法执行。

执行死刑应当公布，不应示众。指挥执行的审判人员，对服刑人员应当验明正身，讯问有无遗言、信札，然后交付执行人员执行死刑。在执行前，如果发现可能有错误，应当暂停执行，报请最高人民法院裁定。

执行死刑后，在场书记员应当写成笔录。交付执行的人民法院应当将执行死刑情况报告最高人民法院，还应当通知服刑人员家属。

（九）死刑执行变更的情形有哪些？

《刑事诉讼法》第二百五十一条规定：下级人民法院在接到最高人民法院执行死刑的命令后，应当在七日以内交付执行。但是发现有下列情形之一的，应当停止执行，并且立即报告最高人民法院，由最高人民法院作出裁定：

1. 在执行前发现判决错误的。

2. 在执行前服刑人员揭发重大犯罪事实或者有其他重大立功表现，可能需要改判的。

3. 服刑人员正在怀孕的。

按照上述法律规定，执行机关在执行死刑前，如果发现有上述三种情形之一的，都应当停止死刑的执行，并将停止死刑执行的原因立即书面形式报告核准死刑的最高人民法院或高级人民法院。交付执行的人民法院应当立即查明事实情况，并根据查明的情况作出处理。如果认为原判确有错误的，应当报请核准死刑的人民法院依审判监督程序作出改判；如果服刑人员检举揭发重大犯罪事实或者有其他重大立功表现，应当依法报请核准死刑的人民法院依法改判死缓或其他较轻的刑罚；如果服刑人员是正在怀孕的妇女，应当报请核准死刑的人民法院改判为无期徒刑以下刑罚。凡经查明判决并无错误，或服刑人员并无重大立功表现，则仍应需执行死刑，但需由核准死刑的人民法院院长重新签发死刑执行命令才能执行。

（十）执行死刑的限制有哪些？

我国《刑法》规定了对于应当判处死刑的犯罪分子，如果不是必须立即执行的，可以判处死刑同时宣告缓期二年执行。这就是我国《刑法》中的死刑缓期执行制度。适用死刑缓期执行必须具备两个条件：

1. “罪该处死”，即必须是罪行极其严重。

2. “不是必须立即执行”。

这是适用死缓的基本条件。所谓“不是必须立即执行”刑法未做明确规定，但根据司法实践，通常是指犯罪后自首、立功或有其他法定从轻情节的；在共同犯罪中罪行不是最严重的；因被害人的过错导致被告人激愤犯罪或者有其他表明容易改造的情节的；有令人怜悯的情节的；有其他应当留有余地的情况。由于死缓不是独立刑种，只是死刑的一种执行方法，故判处死缓会出现不同结局。

根据《刑法》的规定，对于死缓犯，有三种处理结局：其一，在死刑缓期执行期间，没有故意犯罪的，二年期满以后，减为无期徒刑；其二，在死刑缓期执行期间，有重大立功表现的，二年期满以后，减为二十五年有期徒刑；其三，在死刑缓期执行期间，故意犯罪的，由最高人民法院核准，执行死刑。

死刑缓期执行的期间，从判决确定之日起计算。死刑缓期执行减为有期徒刑的刑期，从死刑缓期执行期满之日起计算。换言之，死缓判决确定之前的羁押时间不计算在缓期二年的期限之内，缓期二年届满后至裁定减为有期徒刑之前的关押日数，则应计算在减刑之后的有期徒刑的刑期之内。

(十一)死刑适用的原则是什么?

死刑作为不可逆转的极其严厉的刑罚，我国的政策一向是慎用的。所以，我国在判决、复核、执行死刑的过程都是极其慎重的。

坚持少杀、防止错杀同样既是国家一贯的死刑政策，也是人们的共识。因为我国是人民民主专政的社会主义国家，大量适用死刑违背社会主义国家的性质；我国刑罚的目的是预防犯罪以致最后消灭犯罪，而不是从肉体上消灭服刑人员；死刑存在消极作用，大量适用死刑会引起恶性犯罪增加，阻碍人们价值观念的提升；死刑是剥夺生命的刑罚方法，生命一经剥夺便不可能恢复，故必须杜绝错杀，而少杀、慎杀也有利于防止错杀。我国旧刑法典只对极少数犯罪规定了死刑，后来由于恶性犯罪增加，单行《刑法》增加了一些死刑规定。新《刑法》从表面上看，有减少死刑条款，但在总则与分则中对死刑的适用进一步作出了明确、严格的限制。新《刑法》施行以后，死刑的适用也大量减少。

(十二)孕妇犯死刑如何判刑?

《刑法》第四十九条规定："犯罪的时候不满十八周岁的人和审判的时候怀孕的妇女，不适用死刑。"

《刑事诉讼法》第二百五十一条也规定，人民法院在执行死刑时，发现服刑人员正在怀孕的，应当停止执行，并且立即报请最高人民法院依法改判。

但司法实践中对以下两种情形，由于刑法和司法解释未涉及，给司法机关认定带来困难，即：

1. 在审判前被采取强制措施时因妇女正在怀孕而没有被羁押，被采取取保候审或监视居住的，对这种情况是否适用死刑？

如果适用死刑，那与立法的本意不符，况且这种没有被羁押是依据《刑事诉讼法》第七十二条“对应当逮捕的犯罪嫌疑人、被告人，是正在怀孕、哺乳自己婴儿的妇女，可以采用取保候审或监视居住的办法”，但没被羁押与被羁押实际上没什么本质的区别，只是因为考虑到妇女怀孕的因素而没有羁押。

如果不适用死刑，又没有具体的法律规定可依。

2. 在侦查机关立案后已怀孕，并在进入审判阶段前分娩完的妇女犯应当判处死刑的罪，是否可以适用死刑？

如果适用，那显然也与立法的本意不符，如果不适用，同样没有法律规定可依。因最高人民法院《答复》和《批复》中只答复了流产的情况，且我国已取消了类推制度，已经分娩也就无法参照已经流产的情形适用《答复》的规定。

（十三）执行死刑的限制规定有哪些？

1. 适用条件限制。《刑法》第四十八条第一款：“死刑只适用于罪行极其严重的犯罪分子。”所谓罪行极其严重，是犯罪的性质极其严重、犯罪的情节极其严重、犯罪分子的人身危险性极其严重的统一。

2. 适用对象限制。《刑法》第四十九条：“犯罪的时候不满十八周岁的人和审判的时候怀孕的妇女，不适用死刑。”《刑法修正案（八）》在《刑法》第四十九条增加一款作为第二款：审判的时候已满七十五周岁的人，不适用死刑，但以特别残忍手段致人死亡的除外。

3. 适用犯罪性质限制。《刑法修正案（八）》取消了很少适用过的十三个经济性非暴力犯罪的死刑。

4. 适用程序限制。《刑法》第四十八条第二款：“死刑除依法由最高人民法院判决的以外，都应当报请最高人民法院核准。”

5. 执行制度限制。《刑法》第四十八条第一款：“对于应当判处死刑的犯罪分子，如果不是立即执行的，可以判处死刑同时宣告缓期二年执行。”

（十四）死刑与死缓的区别有什么？

我国刑法既规定了“死刑”（实际指死刑立即执行）又规定了死缓，哪些情况应该适用死刑立即执行，哪些情况应该是用死缓呢？审判机关在审判实践中一般从以下几方面考虑：

1. 是否存在“疑罪”的情况。

2. 被告人是否有自首或立功情节。

3. 是否是共同犯罪中的从犯或不起主要作用的。这也主要考虑其主观恶意不大。

4. 行为人的危险性。如行为人是一个十恶不赦的坏人，并且对周围人的危险性特别大，则不宜适用死缓。

5. 受害人及其他人在整个犯罪过程中所起的作用。如果事情的起因是由于被害人引起的，那么也应当适当考虑死缓。

6. 是否可能是“活证据”。比如行为人是一个特大犯罪集团的知情人，如把他判为死刑立即执行，可能使这个特大的犯罪集团的线索就此中断，因此可适当考虑死缓，不失为上策。

（十五）死刑执行前服刑人员有哪些权利？

1. 执行死刑前，服刑人员提出会见其近亲属或者其近亲属提出会见服刑人员申请的，人民法院可以准许。

2. 人民法院将服刑人员交付执行死刑，应当在交付执行三日前通知同级检察院临场监督。在执行死刑时，检察院应当派员临场监督。检察院收到同级人民法院执行死刑临场监督通知后，应当查明同级人民法院是否收到最高人民法院或者高级人民法院核准死刑的判决或者裁定和执行死刑的命令。临场监督执行死刑的检察人员应当依法监督执行死刑的场所、方法和执行死刑的活动是否合法。

3. 执行死刑前，指挥执行的审判人员对服刑人员应当验明正身，讯问有无遗言、信札，并制作笔录，然后交付执行人员执行死刑。在执行前，如果发现可能有错误，应当暂停执行，报请最高人民法院裁定。

4. 执行死刑应当公布，不应示众。处决服刑人员的布告要选择在适当范围内，适当地点张贴，以使人民群众了解情况。禁止游街示众或者有其他有辱被执行人人格的行为。

（十六）死刑执行后如何处理？

1. 执行死刑完毕，应当由法医验明服刑人员确实死亡后，在场书记员制作笔录。交付执行的人民法院应当将执行死刑情况（包括执行死刑前后照片）及时逐级上报最高人民法院。

2. 执行死刑后，交付执行的人民法院应当通知服刑人员家属。

3. 执行死刑后，负责执行的人民法院应当办理以下事项：（1）对于死刑服刑人员的遗书、遗言笔录，应当及时进行审查，涉及财产继承、债务清偿、家属嘱托等内容的，将遗书、遗言笔录交给家属，同时复制存卷备查；涉及案件线索等问题的，应当抄送有关机关；（2）通知服刑人员家属在期限内领取服刑人员尸体；有火化条件的，通知领取骨灰。过期不领取的，由人民法院通知有关单位处理。对于死刑服刑人员的尸体或者骨灰的处理情况，应当记录在卷；（3）对外国籍服刑人员执行死刑后，通知外国驻华使、领馆的程序和时限，依照有关规定办理。

七、死刑复核

（一）什么是死刑复核权？

复核权是保护被告人合法权益的最后屏障，一旦复核权虚置，程序公正无从体现，被告人的权利就可能得不到正当的伸张，造成冤假错案。但在具体程序上，现行《刑事诉讼法》仅规定了复核组织，而对复核的内容、方法、复核后的处理、复核的期限等并未作出规定，死刑复核程序立法的欠缺与其在刑事诉讼中的重要地位极不相称。尤其严重的是，死刑复核程序采用书面、秘密的运行方式，由法院单方面控制全部程序的过程，控辩双方对此既不能加以选择，也不能进行有效地参与。

而法院内部审查的程序价值有限，不利于彻底发现错误，尤其是事实上的错误。这使得死刑复核程序难以发挥其应用的效果。程序设置的不公正、不合理带来人们对实体结果的质疑。草率对待的不仅是个体的生命，更是人们对法制的信任。

（二）对死刑复核如何监督？

人民检察院作为法律监督机关，对人民法院的错误裁判自然不能置之不理，而必须履行法律监督职能。由于案件处于复核之中，不能行使抗诉权，但人民检察院对刑事诉讼活动进行法律监督的方式具有多样性，在不同的诉讼阶段对不同的诉讼活动有不同的监督方式，抗诉权仅是法律监督的一种方式。因此，人民检察院可以用检察建议或意见的形式直接向复核审人民法院反映意见，也可以将意见报请复核审人民法院同级的人民检察院，由与复核审人民法院同级的人民检察院向复核审人民法院反映意见。从维护国家法律的严肃性，保证死刑案件的质量，防止错误、保障司法公正的现实意义来看，应当将死刑复核程序的法律监督工作适当地向前延伸，以便充分发挥检察机关在此程序上的监督职能。从司法实践角度来看，及时发现判决、裁定的错误并加以纠正的有效监督方式不是目前被动的“事后监督”，而是具有前瞻性积极意义的“事中监督”。

事中监督一方面打破了以往那种由人民法院独自进行的“暗箱式”死刑复核，可使检察机关以国家法律监督者的身份参与死刑复核过程，履行法律监督职责，变被动监督为主动监督；另一方面，检察机关的事中监督可增加死刑复核的透明度，及时发现纠正不当判决，保障公正司法，最大限度地避免错案的发生，同时也有利于人民法院提高复核效率。在死刑复核程序实行事中监督可与刑事诉讼中的侦查、起诉、一审、二审、审判监督、执行程序的法律监督相辅相成，形成贯穿刑事诉讼全过程的法律监督链条，进而体现宪法和法律赋予检察机关作为法律监督机关而依法唯一参加刑事诉讼全过程，履行其监督职责的共性。

（三）死刑复核程序是什么？

死刑复核程序是指对被告人判处死刑的案件，由有权的人民法院进行复核，以决定是否核准死刑判决并执行死刑所应当遵循的程序。死刑复核程序是我国刑事诉讼中的一项特别程序，其特别之处可归纳如下：死刑复核程序仅适用于被判处死刑立即执行和死刑缓期二年执行的案件；对此类案件不实行两审终审制，即使经过了第二审程序，其作出的裁判也不是生效裁判，而是必须经过死刑复核程序之后裁判才发生法律效力（最高人民法院作出的裁判除外）；死刑复核程序的启动完全是自动的，不需要当事人的推动，也不需要人民检察院的抗诉；死刑复核权的主体是特定的，即最高人民法院和被授权的高级人民法院。

（四）死刑复核程序有哪些特点？

1. 审理对象特定。

这一程序只适用于判处死刑的案件，包括判处死刑立即执行和判处死刑缓期二年执行的案件。只有死刑案件才需要经过死刑复核程序，没有被判处死刑的案件无须经过这一程序。这种审理对象的特定性使死刑复核程序既不同于普通审判程序——一审和二审程序，也不同于另一种特殊审判程序——审判监督程序。

2. 死刑复核程序是死刑案件的终审程序。

一般刑事案件经过第一审、第二审程序以后，判决就发生法律效力。而死刑案件除经过第一审、第二审程序以外，还必须经过死刑复核程序。只有经过复核并核准的死刑判决才发生法律效力。从这一意义上说，死刑复核程序是两审终审制的一种例外。

3. 所处的诉讼阶段特殊。

死刑复核程序的进行一般是在死刑判决作出之后，发生法律效力并交付执行之前。相比较而言，第一审程序、第二审程序审理时间是在起诉之后，二审判决之前；审判监督程序则是在判决、裁定发生法律效力之后。

4. 核准权具有专属性。

依据《刑事诉讼法》的规定，有权进行死刑复核的机关只有最高人民法院。而其他审判程序与此不同：一审案件任何级别的法院均可审判；二审案件中级以上的法院均可审判；再审案件原审以及原审以上的法院均可审判。

5. 程序启动上具有自动性。

第一审程序和第二审程序的启动都遵循不告不理原则：只有检察机关提起公诉或者自诉人提起自诉，人民法院才能启动第一审程序；只有检察机关提起抗诉或者被告人、自诉人提起上诉，人民法院才能启动二审程序。而死刑复核程序的启动既不需要检察机关提起公诉或者抗诉，也不需要当事人提起自诉或上诉，只要二审法院审理完毕或者一审后经过法定的上诉期或抗诉期被告人没有提出上诉、检察院没有提起抗诉，人民法院就应当自动将案件报送高级人民法院或最高人民法院核准。

（五）死刑复核的期限是多久？

我国的《刑事诉讼法》对侦查、起诉、审判等程序均规定了诉讼期限，但唯独对死刑复核程序的期限没有作出规定。笔者认为，虽然说死刑复核程序是一种对死刑案件的特别监督程序，有其特殊性，但是对死刑复核程序的期限不作出任何的规定，显然是不合适的，是立法上的一大疏漏。因为，期限的不确定性状态首先将直接有损于一部法律的严肃性和统一性，既使判决立即执行的案件难以发挥死刑的威慑力，又影响了对不应当判处死刑的人及时解除其濒于绝望的精神状态，甚至促成更严重的后果，如被告人不堪巨大的精神压力自杀等。同时这也极不利于迅速、及时地复核死刑案件，从而导致对被告人羁押时间过长，案件数量增多，一方面，是给羁押场所带来管理上的困难；另一方面，如果判处死刑的人应当无罪，死刑复核程序的期限不确定导致羁押时间过长，从而使国家赔偿的数额增多，给国家造成较大的经济损失。有鉴于此，我们认为，对死刑复核程序的期限应当以司法解释的形式作出具体而又明确的规定，设置一个期限的最高限。

除此之外，我国《刑事诉讼法》对死刑复核的具体程序也仅仅在第二百零二条规定了复核组织，对复核的内容、方法，复核后的处理也均未作出规定。不得不说这是我国死刑复核程序立法的严重缺欠，并与死刑复核程序在刑事诉讼中的重要地位极不相称的。因而，我们认为，为保证死刑复核程序的严肃性，确保适用死刑的正确性，我们立法者应当对刑事诉讼法中死刑复核程序用正确与慎重的眼光、用端正的态度去认认真真地审视它，尽快地完善它，不要让死刑复核程序形同虚设。

（六）报送死刑复核应该包含哪些材料？

死刑复核是人民法院对判处死刑的案件进行复核所遵循的一种特殊审判程序。《刑事诉讼法》对死刑复核程序做了原则性规定，有关的司法解释也已将这些规定具体化，为死刑复核工作提供了较周密的准则。根据《最高人民法院关于执行〈中华人民共和国刑事诉讼法〉若干问题的解释》第二百八十条的规定：报请复核死刑（死刑缓期二年执行）案件，应当一案一报。报送的材料应当包括报请复核的报告、死刑（死刑缓期二年执行）案件综合报告和判决书各十五份以及全部诉讼案卷和证据；共同犯罪的案件，应当报送全案的诉讼案卷和证据。

1. 报请复核的报告，应当载明案由、简要案情和审理过程及判决结果。

2. 死刑（死刑缓期二年执行）案件综合报告应当包括以下主要内容：

（1）被告人的姓名、性别、出生年月日、民族、文化程度、职业、住址、简历以及拘留、逮捕、起诉的时间和现在被羁押的处所。

（2）被告人的犯罪事实，包括犯罪时间、地点、动机、目的、手段、危害后果以及从轻、从重处罚等情节，认定犯罪的证据，定罪量刑的法律依据。

（3）需要说明的其他问题。

八、死刑案件证据要求是什么？

办理死刑案件，对被告人犯罪事实的认定，必须达到证据确实、充分。证据确实、充分是指：

1. 定罪量刑的事实都有证据证明。

2. 每一个定案的证据均已经法定程序查证属实。

3. 证据与证据之间、证据与案件事实之间不存在矛盾或者矛盾得以合理排除。

4. 共同犯罪案件中，被告人的地位、作用均已查清。

5. 根据证据认定案件事实的过程符合逻辑和经验规则，由证据得出的结论为唯一结论。

九、剥夺政治权利如何执行？

（一）剥夺政治权利的期限是多久？

剥夺政治权利是指剥夺犯罪人参加国家管理和政治活动权利的刑罚方法。剥夺政治权利是一种资格刑，它以剥夺犯罪人的一定资格为内容。我国《刑法》中的剥夺政治权利，是以剥夺政治权利这种资格为内容的，具有明显的政治性。

剥夺政治权利的期限分为以下四种情况：（1）对于判处死刑、无期徒刑的犯罪分子，应当剥夺政治权利终身；（2）在死刑缓期执行减为有期徒刑，或者无期徒刑减为有期徒刑的时候，应当将附加剥夺政治权利的期限改为三年以上十年以下；（3）独立适用或者判处有期徒刑、拘役附加适用剥夺政治权利的期限，为一年以上五年以下；（4）判处管制附加剥夺政治权利的期限与管制的期限相等。

（二）剥夺政治权利刑期如何起算？

剥夺政治权利的刑期起算与执行分为以下几种情况：（1）被判处管制附加剥夺政治权利的刑期，与管制的期限同时起算、同时执行；（2）独立适用剥夺政治权利的，按照执行判决的一般原则，从判决执行之日起计算并执行；（3）判处有期徒刑、拘役附加剥夺政治权利的刑期以及死缓、无期徒刑减为有期徒刑附加剥夺政治权利的刑期，从徒刑、拘役执行完毕之日起或者从假释之日起开始计算；剥夺政治权利的效力当然施用于主刑执行期间，即对于这类犯罪人，在有期徒刑、拘役执行期间，当然剥夺政治权利。被判处有期徒刑、拘役、管制而没有附加剥夺政治权利的犯罪人，在执行期间仍然享有政治权利；（4）判处死刑、无期徒刑因而剥夺政治权利终身的，从主刑执行之日起开始执行剥夺政治权利。

除剥夺政治权利终身的以外，剥夺政治权利的期限届满时，应宣布恢复政治权利；恢复政治权利后，便享有法律赋予的政治权利，但有的政治权利因为法律的特别规定却不可能再享有，例如，根据《人民法院组织法》的规定，被剥夺过政治权利的人，无论是否再犯罪，无论经过多少时间，也不能被选举为人民法院院长、人民陪审员，也不能被任命为副院长、庭长、副庭长、审判员和助理审判员等职务。再如，根据《检察官法》的规定，曾因犯罪受过刑事处罚的人不得担任检察官，这也意味着被剥夺过政治权利的人，不能担任检察官。

（三）剥夺政治权利包括哪些权利？

剥夺政治权利是指剥夺犯罪人参加国家管理和政治活动权利的刑罚方法。剥夺政治权利是一种资格刑，它以剥夺犯罪人的一定资格为内容。我国《刑法》中的剥夺政治权利，是以剥夺政治权利这种资格为内容的，具有明显的政治性。

根据《刑法》第五十四条的规定，剥夺政治权利是指剥夺犯罪分子下列四项权利：（1）选举权和被选举权；（2）言论、出版、集会、结社、游行、示威自由的权利；（3）担任国家机关职务的权利；（4）担任国有公司、企业、事业单位和人民团体领导职务的权利。

（四）剥夺政治权利适用方式是什么？

从《刑法》规定看，剥夺政治权利既可以附加适用，也可以独立适用，现分述如下：

1. 剥夺政治权利的附加适用。根据《刑法》第五十六条和第五十七条的规定，附加适用剥夺政治权利的对象主要是以下三种犯罪分子：（1）危害国家安全的犯罪分子；（2）故意杀人、强奸、放火、爆炸、投毒、抢劫等严重破坏社会秩序的犯罪分子；（3）被判处死刑和无期徒刑的犯罪分子，对该类犯罪分子应当剥夺政治权利终身。根据 1997 年 12 月 23 日最高人民法院《关于对故意伤害、盗窃等严重破坏社会秩序的犯罪分子能否附加剥夺政治权利问题的批复》的规定，对故意伤害、盗窃等其他严重破坏社会秩序的犯罪，犯罪分子主观恶性较深、犯罪情节恶劣、罪行严重的，也可以依法附加剥夺政治权利。

2. 剥夺政治权利的独立适用。独立适用剥夺政治权利，是作为一种不剥夺服刑人员人身自由的轻刑，适用于罪行较轻、不需要判处主刑的服刑人员。独立适用剥夺政治权利对象的条文均规定在刑法分则当中，共有十七个条文，主要包括某些滥用公民自由、民主权利和渎职的服刑人员。

十、罚金刑如何执行？

（一）如何确定罚金数额？

判处罚金，应当根据犯罪情节决定罚金数额。

关于罚金的数额，《刑法》分则对有的犯罪未做具体规定，对有的犯罪规定了一定幅度。根据本条规定，无论是《刑法》分则明确规定了罚金刑幅度的，还是没有明确规定罚金刑幅度的，判处罚金刑时都应当根据犯罪情节决定罚金数额。所谓“犯罪情节”，主要是指犯罪分子罪行的危害程度，主观恶性的大小，手段是否恶劣，非法所得的多少，后果是否严重，等等。

一般说来，情节严重的，罚金数额应当多些，情节较轻的，罚金数额应当少些，以做到罪刑相适应，使犯罪分子不在经济上占到便宜。同时，犯罪分子的经济负担能力也是一个考虑的因素。如果罚金数额过多，超过了犯罪分子的实际负担能力，犯罪分子也无法缴纳，这对教育改造犯罪分子也不利，同时由于罚金刑无法得到实际执行，也损害了法律的严肃性；如果罚金数额过少，则会使犯罪分子感受不到经济惩罚，对犯罪分子起不到惩戒作用。

（二）罚金的适用对象有哪些？

从犯罪性质上看，我国《刑法》中的罚金主要适用于三种犯罪：

1. 经济犯罪。《刑法》分则第三章规定的破坏社会主义市场经济秩序罪，共有九十多个条文，基本上都规定了罚金的独立或附加适用。

2. 财产犯罪。《刑法》分则第五章规定的侵犯财产罪，共有十四个条文，其中九个法条规定了罚金，占条文总数的 50% 以上。

3. 其他故意犯罪。《刑法》分则第六章规定的妨害社会管理秩序罪，共有九十余个法条，其中约 50% 的法条规定了罚金。此外，在我国《刑法》中，第四章侵犯公民人身权利、民主权利罪中的第二百四十条、第二百四十四条也规定了并处或者单处罚金。

（三）罚金的适用方式有哪些？

根据我国《刑法》规定，罚金有以下四种适用方式：

1. 单科式。《刑法》规定的单科罚金主要适用于单位犯罪。例如，《刑法》第三百八十七条规定的单位受贿罪和第三百九十三条规定的单位行贿罪，对单位判处罚金。在这种情况下，罚金只能单独适用。

2. 选科式。在罚金单独适用的情况下，《刑法》规定罚金与其他刑种并列，可供选择适用。例如，根据《刑法》第二百七十五条规定，犯故意毁坏财物罪的，处三年以下有期徒刑、拘役或者罚金。在这种情况下，罚金作为一种选择的法定刑，只有单独适用，不能附加适用。

3. 并科式。在罚金附加适用的情况下，明确规定判处自由刑时，必须同时并处罚金。例如，《刑法》第三百二十六条规定的倒卖文物罪，处五年以下有期徒刑或者拘役，并处罚金；情节特别严重的，处五年以上十年以下有期徒刑，并处罚金。在这里，罚金只能附加适用，不能单独适用。

4. 复合式。复合式是指罚金的单处与并处同时规定在一个法条之内，以供选择适用。例如，《刑法》第二百一十六条规定，假冒他人专利，情节严重的，处三年以下有期徒刑或者拘役，并处或者单处罚金。在这种情况下，罚金既可以附加适用，也可以单独适用，究竟是并处还是单处根据犯罪分子所犯罪行的情节轻重确定。

前引司法解释第四条对单处罚金的适用条件做了具体规定，根据这一规定："犯罪情节较轻，适用单处罚金不致再危害社会并具有下列情形之一的，可以依法单处罚金：

（1）偶犯或者初犯。

（2）自首或者有立功表现的。

（3）犯罪时不满 18 周岁的。

（4）犯罪预备、中止或者未遂的。

（5）被胁迫参加犯罪的。

（6）全部退赃并有悔罪表现的。

（7）其他可以依法单处罚金的情形。"

（四）罚金的缴纳方式有几种？

1. 自动缴纳。指在人民法院指定的期限内犯罪分子能够按时、自觉、主动地缴纳全部罚金。自动缴纳是实现罚金的最主要方式，能够反映出犯罪分子的悔罪态度和程度。笔者认为，犯罪分子的亲属自愿代替犯罪分子缴纳罚金的，人民法院也应当准许，同样视为具有悔罪表现。如果被判主刑，这种悔罪表现可作为减刑的条件。

2. 强制缴纳。指人民法院规定的缴纳期限届满，有缴纳能力的犯罪分子不缴纳或不足额缴纳罚金，人民法院采取相应的强制措施，强制犯罪分子缴纳。强制缴纳措施有查封、变卖财产、冻结存款、扣留收入等。笔者认为，对有缴纳能力期满未缴纳罚金的犯罪分子，人民法院在采取强制措施，变卖其财产或执行其钱款时，也应当扣除其拖延履行这部分罚金的利息，利息可以按同期银行存款利率计算。只有这样，才能给拖延履行罚金的犯罪分子应有的惩处。因为有缴纳能力的犯罪分子期满不缴纳罚金，说明他们犯罪的主观恶性深，不具有悔罪表现。另外，拖延缴纳也给司法机关罚金刑的执行增加了难度。因此，对有缴纳能力而不缴纳罚金的犯罪分子在惩罚力度上应当和一时缴纳确实有困难的犯罪分子有所差别，否则，就会影响犯罪分子缴纳罚金的自觉性和主动性，不利于罚金刑的执行。

3. 随时缴纳。指对于不能主动缴纳罚金的犯罪分子，人民法院在任何时候发现其有可以执行的财产，应当随时追缴。这一方式有助于保证罚金刑的实现。追缴罚金，可以不受行刑时效的限制，在任何时候都可以对被判罚金的犯罪分子执行罚金刑，避免了犯罪分子隐匿、转移财产，逃避追缴罚金的侥幸心理，最大限度地保证了罚金的执行。

4. 减免缴纳。指在判决生效后，由于犯罪分子遇到了无法抗拒的天灾人祸，按原判决数额缴纳确有困难，可以酌情减少或者免除缴纳。笔者认为减免缴纳罚金必须具备几个条件。首先，发生了不可抗拒的灾祸是减免罚金的前提条件；其次，缴纳原判决罚金确实有困难；再次，须经犯罪分子申请；最后，人民法院要查证属实。只有同时具备这几个条件才能考虑酌情减少或者免除罚金，缺少任何一个条件都不能减少或免除。

（五）罚金刑如何执行?

罚金是指强制犯罪人向国家缴纳一定数额金钱的刑罚方法。罚金作为一种财产刑，是以剥夺犯罪人金钱为内容的，这是罚金与其他刑罚方法显著区别之所在。罚金数额应当与犯罪情节相适应。也就是说，犯罪情节严重的，罚金数额应当多些；犯罪情节较轻的，罚金数额应当少些，这是罪刑均衡原则在罚金裁量上的具体体现。

罚金在判决规定的期限内一次或者分期缴纳。期满无故不缴纳的，人民法院应当强制缴纳。经强制缴纳仍不能全部缴纳的，人民法院在任何时候，包括在判处的主刑执行完毕后，发现被执行人有可以执行的财产的，应当追缴。

如果由于遭遇不能抗拒的灾祸以致缴纳罚金确实有困难的，犯罪分子可以向人民法院申请减少或者免除罚金。人民法院查证属实后，可以裁定对原判决确定的罚金数额予以减少或者免除。

十一、没收财产如何执行?

（一）什么叫没收财产?

没收财产，是指司法机关依据《刑法》的有关规定，将犯罪分子个人所有的财产的一部分或者全部强制无偿地收归国家所有的刑罚方法。没收财产是我国《刑法》所规定的一种刑罚。没收财产一般适用于严重的犯罪，如危害国家安全罪，生产、销售伪劣商品罪，破坏金融秩序罪，金融诈骗罪，危害税收罪，贪污罪，受贿罪，绑架罪等。危害国家安全罪是适用没收财产刑的首要对象。本法分则第一章危害国家安全罪规定有法定刑的条文为工卫条，根据《刑法》第一百一十三条的规定，这些条文所处犯罪均可并处没收财产。之所以对危害国家安全罪均可并处没收财产刑，主要是因为危害国家安全罪是最严重的一类犯罪，仅处主刑，不足以体现对它与普通犯罪中的某些犯罪在量刑上的差异。

（二）没收财产的范围包括哪些？

没收财产是没收犯罪分子个人所有财产的一部分或者全部。没收的只能是属于犯罪分子本人所有的财产，包括犯罪分子本人所有的财物及其在与他人共有财产中依法应有的份额。在判处没收财产的时候，不得没收属于犯罪分子家属所有或者应有的财产。这是我国罪责自负不株连他人原则的具体体现和要求。所谓犯罪分子家属所有财产，是指所有权明确属于犯罪分子家属本人专有的财产。犯罪分子家属应有的财产，是指在共有财产中应归犯罪分子享有的份额。此外，如果犯罪分子家属没有其他生活来源，原来就依靠犯罪分子赡养、抚养、扶养的，人民法院判决没收财产时，就必须给其留下维持生计所必要的财产。这是我国人道主义文明司法的体现，也是促使犯罪分子安心改造、安定社会秩序的要求。

没收财产不同于罚金，也不同于追缴非法所得、没收违禁品和供犯罪所用的本人财物。罚金是较轻的财产刑，适用于情节较轻的犯罪；没收财产是较重的财产刑，适用于情节较重的犯罪。罚金是让犯罪分子缴纳一定的金钱；没收财产剥夺的是犯罪分子个人所有财产的一部分或全部，可以是金钱，也可以是其他财产（包括动产和不动产）。没收财产是刑罚方法，追缴非法所得、没收违禁品和犯罪物品不是刑罚方法。任何犯罪分子非法所得的财物，都应当予以追缴或者责令退赔。

对于犯罪分子本人所有的财产是没收一部分还是全部，应当根据犯罪的性质、情节、社会的危害程度以及案件的具体情况确定，不论是没收一部分还是全部，都应当对没收的财产名称、数量等在判决中写明，不能笼统地写判决没收被告人财产一部分或者全部。

(三)犯罪分子个人所有财产如何认定?

没收财产刑是指没收犯罪分子个人所有财产的一部分或全部，系财产刑的一种。随着市场经济的发展，经济犯罪、财产犯罪案件的增多，没收财产刑的作用也日渐突出，但从司法实践来看，没收财产刑的适用却没有引起司法人员的足够重视，一方面，存在着重自由刑、生命刑而轻财产刑的传统刑法观的影响；另一方面，由于法律本身对没收财产刑的规定不尽完善，特别对具体的适用范围、条件、标准无统一规定，导致在具体适用时不好把握。

根据新《刑法》第五十九条规定，没收财产刑的适用范围应为犯罪分子的个人所有财产，即如系个人所有财产，可以考虑适用没收财产刑，否则不能适用。何为犯罪分子个人所有财产呢？就是指犯罪分子实际所有的一切财产，在实践中确定犯罪分子的个人财产，可以从以下几方面去把握：一是犯罪分子未予定罪的其他非法所得，可作为个人财产列入没收之列；二是犯罪分子被扣押在案的一些可能是赃物的财产，但因事实不清、证据不足的，可考虑适用没收财产；三是对于家庭共有的财产或与其他人共有的财产，应将犯罪人的份额分离出来，然后再考虑予以没收；四是经法律确认的属于犯罪人所有的债权，也可作为个人财产一并没收，尔后移交本院执行庭按执行程序执行后上交国库存。下面论述适用没收财产刑应注意的几个问题。

(四)执行没收财产注意什么?

根据新《刑法》第五十九条规定，没收财产刑适用时，可以是没收财产的一部分，也可为全部，至于具体的条件、标准、强度，则无规定，致使在具体适用此刑罚方法时，难以把握，这也是造成此刑罚被束之高阁的原因之一。适用此刑罚方法时，强度的把握应根据犯罪情节的轻重决定，对情节轻微，影响不大的案件，如需适用没收财产刑，可考虑没收一小部分；如情节严重，危害很大，可考虑剥夺大部分以至全部财产。

另外，在具体适用时，还应注意解决以下几个问题：(1)对犯罪分子个人财产大部分或全部没收时，应注意对犯罪分子个人留出必要的生活费用，以保障其以后的基本生活；(2)对于需靠犯罪分子扶养、抚养、抚育的家属，没收财产时，应给其留出必要的生活必需品，这也是《刑法》不株连无辜原则的具体体现；（3）不能任意扩大没收财产刑的适用范围，要把犯罪分子的个人所有财产与家属所有或应有的财产以及犯罪分子与他人共有的财产中属于他人的部分区别开来，以便使没收财产刑之适用真正落到实处，避免产生负面影响。

（五）没收财产如何执行？

没收财产的判决，无论附加适用或者独立适用，都由人民法院执行。对判处财产刑的犯罪分子或者附带民事诉讼的判决、裁定有执行财产内容的被告人，在本地无财产可供执行的，原判人民法院可以委托其财产所在地人民法院代为执行。代为执行的人民法院执行后或者无法执行的，应当将有关情况及时通知委托的人民法院。代为执行的人民法院可以将执行财产刑的财产直接上缴国库；需要退赔的财产，应当由执行的人民法院移交委托人民法院依法退赔。

对于没收财产的判决，在必要的时候，人民法院可以会同公安机关执行。

十二、驱逐出境

（一）驱逐出境是指什么？

驱逐出境，是强迫犯罪的外国人离开中国国（边）境的刑罚方法。

驱逐出境作为一种刑罚方法，只适用于犯罪的外国人，而不适用于犯罪的本国人，不具有普遍适用的性质。

驱逐出境既可以独立适用，又可以附加适用。具体适用时，要考虑犯罪的性质、情节和犯罪分子本人的情况以及外交斗争的需要。一般的掌握标准是：罪行较轻、不宜判处有期徒刑，而又需要驱逐出境的，可以单独判处驱逐出境；对于罪行严重，应判处有期徒刑的，必要时也可以附加判处驱逐出境。

单独判处驱逐出境的，从判决确定之日起执行；附加判处驱逐出境的，从主刑执行完毕之日起执行。

（二）适用驱逐出境的原则有哪些？

根据难民公约规定，国家如驱逐难民应遵循两项原则：

1. 除因国家安全或公共秩序理由外，不得将难民驱逐出境。即使因此理由驱逐也应按照法律程序作出判决，并给予难民一个合理的期间，以便取得合法进入另一国家的许可。

2. 除非有正当理由认为难民足以危害该国安全，或者难民已被生效的判决确认犯有特别严重的罪行，从而构成对该国社会的危害，该国不得以任何方式将难民驱逐或送回（推回）至其生命或自由由于他的种族、宗教、国籍、参加某一社会团体或具有某种政治见解而受威胁的领土边界。

（三）适用驱逐出境的方式有哪些？

《刑法》第三十五条规定，对于犯罪的外国人，可以独立适用或者附加适用驱逐出境。根据这一规定，驱逐出境适用方式有两种：一是独立适用，它是针对那些犯罪情节比较轻的外国人，没有必要判处主刑的，可以单独判处驱逐出境；二是附加适用，它是针对那些犯罪性质比较严重、判处了主刑或者其他附加刑的外国人，可在主刑执行完毕后适用驱逐出境。

在我国驱逐出境的适用方式比较灵活。《刑法》规定是可以适用，而不是应当适用。这即是说，对犯罪的外国人不一定要适用驱逐出境，而是不仅要根据案情，考虑犯罪的事实、性质、情节等因素，而且还要考虑我国与所在国的关系以及国际斗争的需要，最终加以决定。

十三、减刑

（一）什么是减刑？

减刑，是指对原判刑期适当减轻的一种刑法执行活动。被判处管制、拘役、有期徒刑、无期徒刑的服刑人员，在执行期间，认真遵守监规，接受教育改造，确有悔改表现的，或者有立功表现的，可以减刑；有重大立功表现的，应当减刑。

（二）什么情况下应当减刑？

1. 对于判处死刑缓期二年执行的服刑人员，在死刑缓期执行期间，如果没有故意犯罪，二年期满后，应当减为无期徒刑。

2. 凡具有重大立功表现的服刑人员，应当减刑。

（三）什么情况下可以减刑？

服刑人员认真遵守监规纪律接受教育改造，确有以下悔改表现的，可以减刑：

1. 认罪服法。

2. 认真遵守监规，接受教育改造。

3. 积极参加政治、文化、技术学习。

4. 积极参加劳动，完成生产任务。

（四）获得减刑的方式有哪些？

1. 服刑人员积极执行财产刑和履行附带民事赔偿义务的，可视为有认罪悔罪表现，在减刑、假释时可以从宽掌握；确有执行、履行能力而不执行、不履行的，在减刑、假释时应当从严掌握。

2. 有立功表现。

（1）阻止他人实施犯罪活动的。

（2）检举、揭发监狱内外犯罪活动，或者提供重要的破案线索，经查证属实的。

（3）协助司法机关抓捕其他犯罪嫌疑人（包括同案犯）的。

（4）在生产、科研中进行技术革新，成绩突出的。

（5）在抢险救灾或者排除重大事故中表现突出的。

（6）对国家和社会有其他贡献的。

3. 有重大立功表现。

（1）阻止他人实施重大犯罪活动的。

（2）检举监狱内外重大犯罪活动，经查证属实的。

（3）协助司法机关抓捕其他重大犯罪嫌疑人（包括同案犯）的。

（4）有发明创造或者重大技术革新的。

（5）在日常生产、生活中舍己救人的。

（6）在抗御自然灾害或者排除重大事故中，有特别突出表现的。

（7）对国家和社会有其他重大贡献的。

（五）减刑的限制条件有哪些？

1. 有期徒刑服刑人员在刑罚执行期间，符合减刑条件的，减刑幅度为：确有悔改表现，或者有立功表现的，一次减刑一般不超过一年有期徒刑；确有悔改表现并有立功表现，或者有重大立功表现的，一次减刑一般不超过二年有期徒刑。

2. 有期徒刑服刑人员的减刑起始时间和间隔时间为：被判处五年以上有期徒刑的服刑人员，一般在执行一年六个月以上方可减刑，两次减刑之间一般应当间隔一年以上。被判处不满五年有期徒刑的服刑人员，可以比照上述规定，适当缩短起始和间隔时间。确有重大立功表现的，可以不受上述减刑起始和间隔时间的限制。有期徒刑的减刑起始时间自判决执行之日起计算。

3. 无期徒刑服刑人员在刑罚执行期间，确有悔改表现，或者有立功表现的，服刑二年以后，可以减刑。减刑幅度为：确有悔改表现，或者有立功表现的，一般可以减为二十年以上二十二年以下有期徒刑；有重大立功表现的，可以减为十五年以上二十年以下有期徒刑。

4. 被判处十年以上有期徒刑、无期徒刑的服刑人员在刑罚执行期间又犯罪，被判处有期徒刑以下刑罚的，自新罪判决确定之日起二年内一般不予减刑；新罪被判处无期徒刑的，自新罪判决确定之日起三年内一般不予减刑。

十四、如何假释

（一）什么是假释？

假释，是对被判处有期徒刑、无期徒刑的服刑人员，在执行一定刑期之后，因其遵守监规，接受教育和改造，确有悔改表现，不致再危害社会，而附条件地将其予以提前释放的制度。

有期徒刑的假释考验期限，为没有执行完毕的刑期；无期徒刑的假释考验期限为十年。

（二）假释的条件是什么？

被判处有期徒刑的服刑人员包括从死刑缓期二年执行、无期徒刑依法减为有期徒刑的服刑人员，同时具备以下情形的，可以假释：

1. 从法院交付执行之日起，执行原判刑期二分之一以上，或无期徒刑实际执行十三年以上。

2. 确有悔改表现的。

3. 假释后不致危害社会的。

4. 对符合假释的法定条件，且有悔罪表现，丧失作案能力或者生活不能自理，假释后生活确有着落的老残犯和家庭特别困难的服刑人员的假释，应主要注重悔罪的实际表现，在掌握标准上可以适当放宽。

5. 对犯罪时未成年、余刑在三年以下的服刑人员的假释，在掌握标准上可以适当放宽。

6. 服刑人员减刑后，如果符合假释条件，仍可以假释，减刑后又假释的间隔时间为一年；对上次减刑二年或三年后，又适用假释的，其间隔时间不能少于二年。

（三）哪些情况可以宣告假释？

1.《刑法》规定被判处有期徒刑的犯罪分子，执行原判刑期二分之一以上，被判处无期徒刑的犯罪分子，实际执行十三年以上，如果认真遵守监规，接受教育改造，确有悔改表现，假释后不致再危害社会的，可以假释。如果有特殊情况，经最高人民法院核准，可以不受上述执行刑期的限制。

2. 对犯罪时未成年的服刑人员的减刑、假释，在掌握标准上可以比照成年服刑人员依法适度放宽。未成年服刑人员能认罪伏法，遵守监规，积极参加学习、劳动的，即可视为确有悔改表现予以减刑，其减刑的幅度可以适当放宽，间隔的时间可以相应缩短。符合《刑法》第八十一条第一款规定的，可以假释。

3. 对老年和身体有残疾（不含自伤致残）服刑人员的减刑、假释，应当主要注重悔罪的实际表现。对除《刑法》第八十一条第二款规定的情形之外，有悔罪表现，丧失作案能力或者生活不能自理，且假释后生活确有着落的老残犯，可以依法予以假释。

4. 对死刑缓期执行服刑人员减为无期徒刑或者有期徒刑后，符合《刑法》第八十一条第一款和本规定第九条第二款规定的，可以假释。

5. 对于犯罪分子的假释，依照《刑法》第七十九条规定的程序进行。非经法定程序不得假释。

6. 有期徒刑的假释考验期限，为没有执行完毕的刑期；无期徒刑的假释考验期限为十年。

7. 假释考验期限，从假释之日起计算。

（四）获得假释的限制条件有哪些？

1. 对累犯以及因故意杀人、强奸、抢劫、绑架、放火、爆炸、投放危险物质或者有组织的暴力性犯罪被判处十年以上有期徒刑、无期徒刑的犯罪分子，不得假释。

2. 服刑人员减刑后又假释的间隔时间，一般为一年；对一次减二年或者三年有期徒刑后，又适用假释的，其间隔时间不得少于二年。

（五）被宣告假释人应遵守什么规定？

1. 被宣告假释的犯罪分子，应当遵守下列规定：

（1）遵守法律、行政法规，服从监督。

（2）按照监督机关的规定报告自己的活动情况。

（3）遵守监督机关关于会客的规定。

（4）离开所居住的市、县或者迁居，应当报经监督机关批准。

2. 被假释的服刑人员，除有特殊情形，一般不得减刑，其假释考验期也不能缩短。

3. 被假释的犯罪分子，在假释考验期限内，由公安机关予以监督，如果没有《刑法》第八十六条规定的情形，假释考验期满，就认为原判刑罚已经执行完毕，并公开予以宣告。

4. 被假释的犯罪分子，在假释考验期限内犯新罪，应当撤销假释，依照《刑法》第七十一条的规定实行数罪并罚。

5. 在假释考验期限内，发现被假释的犯罪分子在判决宣告以前还有其他罪没有判决的，应当撤销假释，依照《刑法》第七十条的规定实行数罪并罚。

6. 被假释的犯罪分子，在假释考验期限内，有违反法律、行政法规或者国务院公安部门有关假释的监督管理规定的行为，尚未构成新的犯罪的，应当依照法定程序撤销假释，收监执行未执行完毕的刑罚。

（六）被假释后还可以减刑吗？

1. 被假释的服刑人员，除有特殊情形，一般不得减刑，其假释考验期也不能缩短。

2. 服刑人员减刑后又假释的间隔时间，一般为一年；对一次减二年或者三年有期徒刑后，又适用假释的，其间隔时间不得少于二年。

十五、减刑假释的程序

（一）减刑与假释有哪些区别？

减刑与假释的区别主要有：

1. 对象不同。假释适用于被判处有期徒刑、无期徒刑而且执行了一定刑罚的犯罪分子；减刑适用于被判处管制、拘役、有期徒刑、无期徒刑而且在刑罚执行期间确有悔改或立功实施的犯罪分子。

2. 次数不同。假释只能适用一次，而且附有考验期和必须遵守的条件；减刑则可以根据实际情况使用多次。

3. 内容不同。假释是将犯罪分子提前释放，在考验期内予以考验；减刑则是适当减少犯罪分子的刑期，犯罪分子仍然在监狱里执行相应的刑期。

4. 新罪和漏罪产生的影响不同。在假释考验期内发现犯罪分子有新罪或者漏罪的，则撤销假释，按《刑法》第六十九条规定的原则进行数罪并罚；减刑后有新罪或者漏罪都不影响已经作出的减刑裁定。

（二）服刑人员提请假释的程序。

1. 对有期徒刑和无期徒刑服刑人员（含判处死刑缓期二年执行减为无期徒刑或者有期徒刑）的假释，由服刑人员所在监区（分监区）集体研究，提出意见，呈报名单在服刑人员中公示，经监狱主管部门审核，监狱长批准后，由监狱提出书面建议，提请当地中级人民法院依法裁定。

2. 对判处无期徒刑服刑人员的假释，由服刑人员所在监狱提出书面建议，报请省（区、市）监狱管理局审核后，提请高级人民法院依法裁定。

3. 非经法定程序不得假释，假释的结果应在服刑人员中公开。

（三）提请减刑假释所需材料。

人民法院受理减刑、假释案件的，执行机关需要移送以下材料：

1. 减刑或者假释建议书。

2. 终审法院裁判文书、执行通知书、历次减刑裁定书的复印件。

3. 服刑人员确有悔改或者立功、重大立功表现的具体事实的书面证明材料。

4. 服刑人员评审鉴定表、奖惩审批表等。

5. 报请假释的，应当附有社区矫正机构或者基层组织关于服刑人员假释后对所居住社区影响的调查评估报告。

6. 其他根据案件审理需要应予移送的材料。

若在提请减刑假释过程中，人民检察院对报请减刑、假释案件提出检察意见的，执行机关应当一并移送受理减刑、假释案件的人民法院。

人民法院经审查，材料齐备的，应当立案；材料不齐的，应当通知执行机关在三日内补送，逾期未补送的，不予立案。

（四）司法机关作出减刑假释决定的时间。

1. 对被判处死刑缓期执行的服刑人员的减刑，由服刑人员服刑地的高级人民法院在收到同级监狱管理机关审核同意的减刑建议书后一个月内作出裁定。

2. 对被判处无期徒刑的服刑人员的减刑、假释，由服刑人员服刑地的高级人民法院在收到同级监狱管理机关审核同意的减刑、假释建议书后一个月内作出裁定，案情复杂或者情况特殊的，可以延长一个月。

3. 对被判处有期徒刑和被减为有期徒刑的服刑人员的减刑、假释，由服刑人员服刑地的中级人民法院在收到执行机关提出的减刑、假释建议书后一个月内作出裁定，案情复杂或者情况特殊的，可以延长一个月。

4. 对被判处拘役、管制的服刑人员的减刑，由服刑人员服刑地中级人民法院在收到同级执行机关审核同意的减刑、假释建议书后一个月内作出裁定。

对暂予监外执行服刑人员的减刑，应当根据情况，分别适用前款的有关规定。

（五）“三类人员”的减刑假释规定。

“三类人员”即职务犯罪、金融犯罪、涉黑犯罪等“三类服刑人员”。最高人民法院对全国法院办理减刑、假释案件提出了“五个一律”的工作要求，即受理案件后一律公示，“三类服刑人员”减刑、假释案件一律公开开庭审理，公开开庭一律邀请人大代表、政协委员旁听，裁定书一律上网公开，违法违纪办案一律从严追究责任。

十六、刑事申诉

（一）什么是刑事申诉？

刑事申诉（以下简称申诉）是指当事人及其法定代理人、近亲属，对已经发生法律效力的裁判、裁定以及人民检察院的不起诉决定书、不予批捕决定书等决定，请求人民法院或者人民检察院对原案重新进行审查的活动。

（二）狱中服刑人员行使申诉权的途径有哪些？

狱中服刑人员主要的申诉方式有以下几种：

1. 服刑人员可以通过监狱管教人员向有管辖权的法院提出申诉，由监狱的管理部门向法院转交《刑事申诉状》。

2. 由家属在征得本人同意后，委托执业律师代为向有管辖权的法院提出申诉。

3. 服刑人员可以向驻监狱的检察机关人员进行申诉。

（三）申诉需要提交哪些材料？

根据我国《最高人民法院适用刑事诉讼法的司法解释》第三百七十二条的规定向人民法院申诉，应当提交以下材料：

1. 申诉状。应当写明当事人的基本情况、联系方式以及申诉的事实与理由。

2. 原一、二审判决书、裁定书等法律文书。经过人民法院复查或者再审的，应当附有驳回通知书、再审决定书、再审判决书、裁定书。

3. 其他相关材料。以有新的证据证明原判决、裁定认定的事实确有错误为由申诉的，应当同时附有相关证据材料；申请人民法院调查取证的，应当附有相关线索或者材料。

如果申诉不符合规定的，人民法院应当告知申诉人补充材料，如果申诉人对必要材料拒绝补充且无正当理由的，法院将不会对申诉进行审查。

（四）申诉受理的条件有哪些？

具有下列情形的人民法院将受理服刑人员的申诉请求：

1. 有新的证据证明原判决、裁定认定的事实确有错误，可能影响定罪量刑的。

2. 据以定罪量刑的证据不确实、不充分、依法应当排除的。

3. 证明案件事实的主要证据之间存在矛盾的。

4. 主要事实依据被依法变更或者撤销的。

5. 认定罪名错误的。

6. 量刑明显不当的。

7. 违反法律关于溯及力规定的。

8. 违反法律规定的诉讼程序，可能影响公正裁判的。

9. 审判人员在审理该案件时有贪污受贿、徇私舞弊、枉法裁判行为的。

如果服刑人员的申诉不具有上述情形的，人民法院或相关司法部门应当说服申诉人撤回申诉，若服刑人员仍然坚持申诉的，人民法院将以书面通知的形式驳回服刑人员的申诉。

（五）申诉符合哪些条件必须重新审理？

如果服刑人员的申诉符合下列条件，则人民法院应当重新审理案件。

1. 有新的证据证明原判决、裁定认定的事实确有错误，可能影响定罪量刑的人民法院应当重新审判。具有下列情形之一，可能改变原判决、裁定据以定罪量刑的事实的证据，应当认定为新的证据：

（1）原判决、裁定生效后新发现的证据。

（2）原判决、裁定生效前已经发现，但未予收集的证据。

（3）原判决、裁定生效前已经收集，但未经质证的证据。

（4）原判决、裁定所依据的鉴定意见，勘验、检查等笔录或者其他证据被改变或者否定的。

2. 据以定罪量刑的证据不确实、不充分、依法应当予以排除，或者证明案件事实的主要证据之间存在矛盾的。

3. 原判决、裁定适用法律确有错误的。

4. 违反法律规定的诉讼程序，可能影响公正审判的。

5. 审判人员在审理该案件的时候，有贪污受贿、徇私舞弊、枉法裁判行为的。

（六）申诉案件的审查期限。

人民法院对已经立案审查的申诉案件，应当在三个月内作出决定，最迟不能超过六个月。

（七）司法机关的自纠机制。

1. 各级人民法院院长对本院已经发生法律效力的判决和裁定，如果发现在认定事实上或者在适用法律上确有错误，必须提交审判委员会处理。

2. 最高人民法院对各级人民法院已经发生法律效力的判决和裁定，上级人民法院对下级人民法院已经发生法律效力的判决和裁定，如果发现确有错误，有权提审或者指令下级人民法院再审。

3. 最高人民检察院对各级人民法院已经发生法律效力的判决和裁定，上级人民检察院对下级人民法院已经发生法律效力的判决和裁定，如果发现确有错误，有权按照审判监督程序向同级人民法院提出抗诉。

（八）人民法院对申诉案件的审理程序。

1. 人民检察院抗诉的案件，接受抗诉的人民法院应当组成合议庭重新审理，对于原判决事实不清楚或者证据不足的，可以指令下级人民法院再审。

2. 上级人民法院指令下级人民法院再审的，应当指令原审人民法院以外的下级人民法院审理；由原审人民法院审理更为适宜的，也可以指令原审人民法院审理。

3. 人民法院按照审判监督程序重新审判的案件，由原审人民法院审理的，应当另行组成合议庭进行。如果原来是第一审案件，应当依照第一审程序进行审判，所做的判决、裁定，可以上诉、抗诉；如果原来是第二审案件，或者是上级人民法院提审的案件，应当依照第二审程序进行审判，所做的判决、裁定，是终审的判决、裁定。人民法院开庭审理的再审案件，同级人民检察院应当派员出席法庭。

（九）人民检察院如何办理申诉案件？

人民检察院管辖的刑事申诉是指对人民检察院诉讼终结的刑事处理决定以及对人民法院已经发生法律效力的刑事判决、裁定（含刑事附带民事判决、裁定）不服的申诉。检察院办理刑事申诉案件有以下的流程：

1. 人民检察院复查刑事申诉案件，应当由两名以上检察人员进行，原承办人员不得参与。复查案件时，应听取申诉人的申诉理由，与原办案人进行座谈，必要时对有关证据进行补充调查。

2. 刑事申诉案件公开审查程序。

（1）控告申诉检察部门对本部门管辖的刑事申诉案件，立案复查后，均可进行公开审查，其中主要的形式是举行听证会，公开听证，但涉及国家秘密或个人隐私、申诉人不愿举行听证会以及有其他原因不适合举行听证会的案件除外。

（2）参加听证会的人员包括：案件承办人、书记员、申诉人及其诉讼代理人、听证员以及其他与案件有关的人员。人民检察院在听证会前，临时聘请三人以上单数的且与案件无利害关系的专家、学者、人大代表、政协委员或其他社会人士担任听证员。

（3）听证会由复查案件承办人中的主诉检察官或其中一人担任主持人。申诉人应当陈述申诉理由，案件承办人针对申诉人的申诉理由阐述处理决定认定的事实和法律依据，并展示相关证据。听证员可以向申诉人、案件承办人提问，并根据听证的事实对案件进行评议，按多数人意见形成听证意见当场宣布。听证笔录经参加听证会的人员阅读后分别签名或盖章。

（4）复查案件承办人应当根据已查明的事实、证据和有关法律规定，以听证员的听证意见为重要依据，提出对案件的处理意见，报检察长决定。

3. 人民检察院作出复查决定后，应制作《刑事申诉复查通知书》或《刑事申诉复查决定书》，并在十日内送达申诉人、原案被处理人和有关部门。《刑事申诉复查决定书》应公开宣布，并制作宣布笔录。

4. 人民检察院立案复查的刑事申诉案件，应在立案后三个月内办结。案情复杂的，最长不得超过六个月。

第五章

在押人员的权利与义务

一、在押人员有哪些权利？

1. 选举权。在押人员除被依法剥夺政治权利的以外，享有选举权。

2. 宗教信仰自由权。应当尊重在押人员的宗教信仰和与此相关的民族习惯，并在生活上予以适当照顾。

3. 人格尊严不受侵犯权。在押人员在羁押期间仍然享有做人的尊严，任何人不得歧视、谩骂、体罚、虐待。

4. 通信自由权。在押人员在羁押期间，经办案机关同意，并经公安机关批准，可以与近亲属通信。

5. 基本生活保障权。在押人员的伙食按规定标准供应，保证吃熟、吃热、吃卫生、吃足定量；保证清洁的居住环境和必要的休息时间。

6. 卫生健康权。监管机关应当定期组织在押人员洗澡、理发，定期对监室消毒；在押人员生病，应当及时给予治疗，实行人道主义。

7. 会见亲属权。依据有关法律法规在押人员经批准可以与其近亲属、辩护人按规定会见。

8. 检举、控告、申诉权。在押人员对国家机关及其工作人员有提出批评和建议的权利；有向有关国家机关提出申诉、控告或检举的权利。

9. 取得赔偿权。在押人员对监管民警违法行使职权侵犯其合法权益造成损害的，有依法取得国家赔偿的权利。

二、在押人员有哪些义务？

1. 遵守国家法律、法规，服从监管机关的管理和教育。

2. 遵守《在押人员行为规范》和《在押人员作息时间及操作规程》，自觉维护监管场所秩序。

3. 不将危险品和违禁物品带入监管场所。

4. 主动坦白自首，积极举报他人的违法犯罪行为。发现其他在押人员有违反监规以及预谋实施逃跑、行凶、自杀、破坏等行为的，要立即报告或制止，不得隐瞒、包庇。

5. 不绝食、闹监、喧哗、打架、称强耍霸、强吃强占、不准以任何形式殴打凌辱他人。

6. 保持监室内整洁卫生，爱护公共财物，损坏监所设施，照价赔偿。

三、在押犯罪嫌疑人有哪些诉讼权利？

1. 有权拒绝回答与本案无关的提问。

2. 有权了解讯问笔录记载的内容。

3. 有权聘请律为其提供法律帮助。

4. 有权申请取保候审、监视居住。

5. 有权了解鉴定结论并有权申请补充鉴定或者重新鉴定。

6. 有权对被告指控的罪行轻重进行申辩和解释。

7. 有案件侦查终结的知悉权。

8. 有权自案件移送审查起诉之日起委托辩护人。

四、在押被告人的诉讼权利有哪些？

1. 有权知悉起诉书指控的内容。

2. 有权获得辩护（有自行辩护、委托辩护和依法获得指定辩护的权利）。

3. 有权申请回避。

4. 有权参加法庭调查和法庭辩论。

5. 有最后陈述权。

6. 有权了解法庭笔录记载内容并有权请求补充、修正法庭笔录。

7. 有权对一审裁判（最高法院一审除外）提出上诉。

8. 有权对已发生法律效力的裁判提出申诉。

五、在押人员可获奖励或从宽处理的情况包括哪些？

1. 根据《中华人民共和国看守所条例实施办法》第四十五条人犯在羁押期间有下列表现之一的，应当分别给予表扬、物质奖励：

（1）一贯遵守监规纪律、努力学习、积极劳动的。

（2）自觉维持个人卫生和环境卫生的。

（3）爱护公物表现突出的。

对人犯的表扬，由看守干警决定；对人犯的物质奖励，由看守所所长批准。物质奖励只限于生活日用品、书籍和笔记本。

2. 根据《中华人民共和国看守所条例实施办法》第四十六条人犯在羁押期间有下列表现之一的，看守所应当书面报请办案机关依法从宽处理：

（1）检举揭发监内外犯罪分子，经查证属实的。

（2）劝阻人犯行凶、逃跑和其他违法犯罪活动的。

（3）有其他有利于国家和人民的行为的。

六、在押人员受惩的情况有哪些？

人犯在羁押期间有下列行为之一的，应当根据不同情节分别给予警告、训诫、责令具结悔过或者禁闭的处罚；构成犯罪的，依法追究刑事责任：

1. 违犯监规纪律、经教育不改正的。

2. 散布腐化堕落思想，妨碍他人悔改的。

3. 不服监管，经查确属无理取闹的。

4. 故意损坏公物的。

5. 欺侮、凌辱其他人犯，侵犯他人人身权利的。

6. 拉帮结伙打架斗殴，经常扰乱管理秩序的。

7. 传授犯罪方法或者教唆他人进行违法犯罪的。

8. 逃跑或者组织逃跑的。

9. 有其他违法犯罪行为的。

对人犯的警告、训诫和责令具结悔过，由看守干警决定并报告看守所所长后执行。给予禁闭处分的，由看守干警提出，看守所所长决定。

人犯在羁押期间重新犯罪，应当追究刑事责任的，看守所应当将情况及时通知办案机关，并配合办案机关调查取证的，依法处理。

对禁闭的人犯，应当关在专设监房反省。禁闭期限一般为一至十天，最长不得超过十五天。

七、在押人员要在看守所待多久?

我国《刑事诉讼法》规定犯罪嫌疑人一直关在看守所等待判决。如果犯罪行为轻微的经公安、检察、法院批准，也可取保候审。若判缓刑，一般情况下到社区矫正部门进行矫正。

如果被判有期徒刑以上刑罚，人民法院在判决生效后十日以内将有关的法律文书送达公安机关、监狱或者其他执行机关，执行机关应当通知服刑人员家属。若判的刑罚剩余刑期三个月以下的，则会继续关押在看守所服完余下的刑罚。但在同案审理的案件中，部分被告人被判处死刑，对未被判处死刑的同案被告人需要羁押执行刑罚的，应当在其判决、裁定生效后十日内交付执行。但是，该同案被告人参与实施有关死刑之罪的，应当在最高人民法院复核讯问被判处死刑的被告人后交付执行。

第六章

服刑人员的权利与义务

一、看守所和监狱有什么区别?

根据法律规定，两者在关押的人员、主要的承担的司法责任等方面有区别，主要如下。

根据《中华人民共和国刑事诉讼法》规定：看守所是羁押依法被逮捕、刑事拘留的人犯的机关。被判处有期徒刑剩余刑期三个月以下的，由看守所监管。看守所的任务是依据国家法律对被羁押的人犯实行武装警戒看守，保障安全；对人犯进行教育；管理人犯的生活和卫生；保障侦查、起诉和审判工作的顺利进行。

根据《中华人民共和国监狱法》规定：监狱是国家的刑罚执行机关。依照《刑法》和《刑事诉讼法》的规定，被判处死刑缓期二年执行、无期徒刑、有期徒刑的服刑人员，在监狱内执行刑罚。监狱对服刑人员实行惩罚和改造相结合、教育和劳动相结合的原则，将服刑人员改造成为守法公民。

二、服刑人员的权利

1. 服刑人员完全享有的权利。

（1）人格权。

服刑人员作为一个公民其人格是完整的，与普通公民的人格权完全平等，人格同样受法律保护，任何侵犯服刑人员人格的行为都是法律所不允许的。

（2）生命健康权和人身安全权。

服刑人员与其他公民一样，在服刑期间，其生命健康和人身安全应当受到保护。服刑人员在服刑中还享有生病得到及时诊断和治疗，身患严重疾病按有关规定获得保外就医的权利，充分维护服刑人员的生命健康权。

（3）合法财产权。

服刑人员在服刑前和服刑中依法取得的个人财产不受侵犯的权利，享有占有、使用、处分、收益的权利。

（4）控告和检举的权利。

服刑人员对其权利受到侵犯，或发现监狱有违法乱纪的行为等，如服刑人员在获得行政奖励、刑事奖励时，受到不公平、不公正待遇时，生活上被克扣，有病未及时医治，受到打、骂、体罚、虐待、个人隐私被泄露、执行期满未被释放或其他人员的违法、犯罪活动等等，都有权进行检举和控告。

（5）申诉的权利。

服刑人员有对判决不服提出申诉的权利，需要按正当的程序和方式提出。当然当事人、被害人及其家属或其他公民也有权提出申诉。

2. 服刑人员部分享有的权利。

这是指在监狱服刑人员只能部分享有的权利。

（1）选举权。

凡是未被剥夺政治权利的服刑人员，依照《选举法》的规定，有选举权，但政治权利的其他方面，由于其特殊的身份，所处的特殊环境，实际上不可能享有。

（2）论自由、集会、结社、游行、示威等政治权。

被剥夺政治权利的，当然就不享有。

3. 服刑人员限制享有的权利。

（1）通信和会见的权利。

服刑人员作为特殊的公民，其与家人、亲属、朋友、其他服刑人员或其他人员通信，其往来信中均受到检查，只有不妨碍服刑人员改造的信件才发给本人。

另外，服刑人员会见的权利也是受到限制的，在会见对象上已做了限定，仅限于亲属（父母、兄弟姐妹、夫、妻、子女）、监护人。另外，监狱根据实际情况不但对会见的时间、地点、人数均有相应的限制，而且根据服刑人员的改造表现情况，决定是否准予会见，如服刑人员在禁闭期间，一般都不予安排会见。

（2）婚姻家庭权。

服刑人员处于特殊环境，其人身自由受到限制，其行使婚姻家庭权与普通公民相比，存在明显的差异。

（3）劳动和休息的权利。

为了监管安全的需要，根据情况，监狱也可以限制服刑人员参加劳动。

（4）接受教育的权利。

此项权利也因环境条件的限制，也不能充分享有。

4. 服刑人员特有的权利。

（1）获得被提请减刑，假释的刑事奖励机会。

（2）依法获得按期释放的权利。

三、服刑人员的义务

1. 遵守法律、法规和监规纪律，接受监狱管理和教育的义务。《监狱法》第七条第二款服刑人员必须严格遵守法律、法规和监规纪律，服从管理，接受教育，参加劳动。

2. 接受劳动改造的义务。《监狱法》第六十九条有劳动能力的服刑人员，必须参加劳动。

3. 服刑人员有爱护国家财产，保护公共设施的义务。

4. 服刑人员有维护正常改造秩序，自觉接受改造的义务。

5. 服刑人员有检举违法犯罪活动的义务。

6. 遵守《监狱服刑人员行为规范》的义务。

四、刑罚执行能变更吗？

刑罚执行变更是对发生法律效力的刑事判决、裁定所确定的刑罚在交付执行或实际执行过程中，由于发生了法定的事由而依法改变或调整原判刑罚的执行方式或内容的一项刑罚执行制度。它是我国《刑法》《刑事诉讼法》所确定的刑罚执行中的一项重要法律制度。

刑罚是同犯罪做斗争的有力武器，它是通过惩罚一切危害国家和人民利益的犯罪分子，保护我国社会主义制度和经济基础，维护国家和人民的利益，维护社会秩序，保障社会主义现代化建设的顺利进行，刑罚只有通过执行机关的刑事司法活动，才能使已经发生法律效力的判决和裁定所确定的刑罚付诸实施，真正发挥出刑罚对服刑人员的惩罚和教育改造等功能，实现刑罚的目的。但是，已经发生法律效力的判决和裁定在执行过程中，有些案件由于出现某种特定情由，依照法律规定，会在执行的内容和方法上发生一些变更的问题，如死刑停止执行、死缓执行的变更，监外执行、缓刑的撤销、减刑、假释以及对服刑人员的漏罪或新罪的追诉等。这类刑罚执行的变更是属于《刑事诉讼法》调整的范畴，是一项法律性和政策性极强的工作，直接影响法院裁判的稳定性、法律的严肃性以及社会的稳定。因此，应当从维护法制的统一和尊严、维护社会稳定的高度，认识和加强这项工作。有必要以刑罚执行变更的主要内容为基础进行初步和基本的研究，以期获得较明晰和规范的认识。

五、刑罚执行如何变更？

根据《刑法》《刑事诉讼法》以及相关司法解释的有关规定，我国的刑罚执行变更制度主要包括以下内容。

（一）死刑执行的变更。

我国《刑事诉讼法》第二百一十一条规定，在对服刑人员执行死刑的过程中，如果发现有下列情形之一的，应当停止执行，立即报告核准死刑的人民法院裁定暂缓执行并依法作出处理：

1. 发现判决可能有错误的。如果死刑判决在认定事实或者适用法律方面可能存在错误，就有可能错杀无辜。为了避免发生错杀，就必须停止执行死刑，对案件进行审查。经过审查，原判确有错误，适用死刑不当，即应报请原核准死刑的人民法院依法改判；如果经查原判正确，则应报请核准死刑的法院院长重新签发执行死刑命令，将服刑人员重新交付执行死刑。

2. 在执行前服刑人员揭发重大犯罪事实或者有其他重大立功表现，可能需要改判的。我国《刑法》第六十八条规定，犯罪分子有重大立功表现的，可以减轻或者免除处罚。据此，在执行死刑前，如果服刑人员检举揭发了重大犯罪事实或者有其他重大立功表现，可能需要改判的，即应停止执行死刑。经查证属实的，应报请核准死刑的人民法院依法改判其他刑罚；经查不实的，应报请核准死刑的人民法院院长重新签发执行死刑命令，重新交付执行死刑。

3. 服刑人员正在怀孕的。在执行死刑前发现服刑人员正在怀孕的，即应停止执行，报请核准死刑的人民法院依法改判其他刑罚。

（二）死缓执行的变更。

死缓是指判处服刑人员死刑缓期二年执行的一种死刑执行制度。根据我国《刑法》的规定，死缓按照以下方式处理：

1. 在死刑缓期执行期间，如果没有故意犯罪，二年期满以后，减为无期徒刑。

2. 如果确有重大立功表现，二年期满以后，减为二十五年有期徒刑。

3. 如果属于故意犯罪，情节恶劣的，由最高人民法院核准，判处死刑立即执行；对于故意犯罪未执行死刑的，考验期重计。

4. 如果是累犯以及故意杀人、强奸、抢劫、绑架、放火、爆炸、投放危险物质罪（故意伤害罪除外）的，或者有组织的暴力性犯罪被判处死刑缓期执行的犯罪分子，人民法院根据犯罪情节、人身危险性等情况，可以在作出裁判的同时决定对其限制减刑（故意伤害罪除外），重大贪官还可以根据犯罪情节在两年后减为无期徒刑时终身监禁（不得减刑、假释，只能永远在监狱中度过）。

死刑缓期执行的罪犯在减刑过程中，有如下法律要求：

1. 死刑缓期执行的期间，两年考验期从核准死缓执行宣告之日起计算。

2. 对死刑缓期执行罪犯的减刑，应当依法及时报送和裁定。

3. 死刑缓期执行减为无期徒刑的，无期徒刑的刑期，从生效的法律文书宣告或送达之日起计算，原剥夺政治权利终身的附加刑不变。

4. 死刑缓期执行因重大立功减为有期徒刑或者死刑缓期执行减为无期徒刑再减为有期徒刑的，刑期从死刑缓期执行期满之日起计算。死刑缓期执行减为无期徒刑再减为有期徒刑的，减为有期徒刑十八年以上二十年以下；如果确有重大立功表现，二年考验期满以后，减为二十五年有期徒刑。原剥夺政治权利终身的附加刑改为剥夺政治权利三年以上十年以下。

5. 在限制减刑的情况下，缓期执行期满后依法减为无期徒刑的，实际执行刑期不能少于二十五年，缓期执行期满后依法减为二十五年有期徒刑的，实际执行刑期不能少于二十年（不含死刑缓期执行的二年）。

（三）暂予监外执行。

暂予监外执行，是指对于被判处有期徒刑或者拘役的服刑人员，由于出现了法定的客观情形，不宜以监禁方式执行刑罚，而暂时采取放到监外执行刑罚的一种变通执行的方法。根据我国《刑事诉讼法》第二百一十四条的规定，对于被判处有期徒刑或者拘役的服刑人员，有下列情形之一的，可以暂予监外执行：

1. 有严重疾病需要保外就医的。

2. 服刑人员是怀孕或者正在哺乳自己婴儿的妇女。

六、监外执行

（一）什么是监外执行？

被判处有期徒刑、无期徒刑或者拘役的服刑人员，由于患有严重疾病需要保外就医，或者妇女怀孕或者正在哺乳自己的婴儿，不适宜在监狱或其他劳动改造场所执行刑罚，可暂由服刑人员原居住地的公安派出所执行，并由服刑人员原属的基层组织或者所在单位协助监督的一种特殊刑罚执行方法。

监外执行，是指被判处剥夺自由的服刑人员，由于其具有不宜收监执行的特殊原因，按照法律规定，将其交付一定机关，在监外来执行刑罚的一种执行办法。

这一制度的设立体现了中国惩罚服刑人员与改造服刑人员相结合和人道主义的刑事政策，有利于对服刑人员的教育、感化、挽救。暂予监外执行制度是一项重要的刑罚执行制度。

（二）监外执行的条件有哪些？

1. 必须是被判处有期徒刑或者拘役的服刑人员，并且还在执行过程中。

2. 必须具有下列情形之一：

（1）有严重疾病需要保外就医的。至于服刑人员所患何种疾病属于严重疾病，需要保外就医，需要由执行机关根据省级人民政府指定的医院开具的证明文件，依照法律规定的程序来确定，以防止一些人利用此规定，逃避刑罚的执行。而确定由省级人民政府指定的医院来出具证明文件，也是为了防止各种医院都出具证明文件，造成执行中的混乱，使执行机关难以确定。在一般情况下，如果服刑人员患有的疾病危害到自己或者其他人的生命健康，靠关押场所的医疗条件难以治好的疾病，可以认定为严重疾病等。

（2）怀孕或者正在哺乳自己婴儿的妇女。这是人道主义原则的重要体现。其目的是将怀孕或者正在哺乳自己婴儿的妇女不在执行场所执行刑罚，而使服刑人员回到家庭中，得到更好的照顾或者照顾好婴儿。

（3）对于被判处有期徒刑或者拘役，生活不能自理，适用暂予监外执行不致危害社会的服刑人员，可以暂予监外执行。这主要考虑到有些被判处有期徒刑或者拘役的服刑人员，虽然不符合上述两种情形的规定，但由于其年老体弱等原因，生活不能自理，不适宜继续执行刑罚。

（三）不得监外执行的情形有哪些？

法律上规定了暂予监外执行的条件，也规定了不允许暂予监外执行的条件。符合下列情形之一的服刑人员不得暂予监外执行：

1. 适用保外就医可能有社会危险性的服刑人员，不得适用保外就医。

2. 自伤自残的服刑人员，不得保外就医。自伤自残是服刑人员在关押场所内故意吞食异物，如钉子、大头钉等，使自己身体受到伤害、残疾等。对这类服刑人员不能暂予监外执行。

（四）实施监外执行的机关是哪个？

对于暂予监外执行的服刑人员，实行社区矫正，基层组织或者服刑人员的原所在单位协助进行监督，执行机关应当对暂予监外执行的服刑人员严格管理监督。对于服刑中决定暂予监外执行的服刑人员，原执行机关应当将服刑人员服刑改造的情况通报负责监外执行的公安机关，以便有针对性地对服刑人员进行管理监督；负责执行的公安机关应当告知服刑人员，在暂予监外执行期间必须接受监督改造并遵守有关的规定。

暂予监外执行的情形消失后，服刑人员刑期未满的，应当及时收监。对于人民法院在作出判决、裁定的同时决定对服刑人员暂予监外执行的，对该服刑人员的收监，应当由负责执行的公安机关通知人民法院将该服刑人员依法交付执行。如果服刑人员是在执行过程中被决定暂予监外执行的，负责执行的公安机关应当通知监狱等执行机关收监。暂予监外执行过程中服刑人员刑期届满的，应当由原关押监狱等执行机关办理释放手续。服刑人员在暂予监外执行期间死亡的，负责执行的公安机关应当及时通知原关押监狱或其他执行机关。

七、保外就医

（一）保外就医的申请程序有哪些？

1. 对符合保外就医条件，需要保外就医的服刑人员，由服刑人员及其亲属提出书面申请，填写《服刑人员保外就医申请书》，经分监区集体研究，上报监区审核，监区审核同意后，由分监区带服刑人员到监狱医院进行医疗鉴定。对患精神病、艾滋病、职业病等疾病的，根据云南省政府（云政复〔1998〕138 号文件）规定，应到指定的医院鉴定。经医疗鉴定符合保外就医条件的，监区召开会议研究，监狱狱政管理处应派员参加，并请驻监检察室和纪委的同志列席参加，经监区会议同意后，让具保人签订具保书。

2. 医疗鉴定的诊断结论证明应由医院的二名以上主治医师和业务院长签字，并加盖公章。医疗鉴定的证明材料应包含医疗主观证明、客观检查、化验等材料以及相关的病历复印件。

3. 经鉴定符合保外就医条件的，可将《保外就医审批表》和医疗鉴定结论连同其他证明材料，报监狱狱政管理处审查。

4. 监狱狱政处审查后，呈报《服刑人员保外就医审批表》、医疗鉴定和《服刑人员保外就医取保书》等材料，经监狱分管领导和监狱减刑、假释、保外就医评审委员会负责人同意后报省监狱管理局审批，批准后填写《服刑人员保外就医证明书》，由具保人将服刑人员取保回家。居住地在红河州范围内的，由监狱派警察送到当地公安机关并办理相关手续。

5. 经批准保外就医的，由服刑人员居住地公安机关执行，监狱应填写《提请对暂予监外执行服刑人员执行监督考察通知书》，发往服刑人员居住地公安机关，以便对服刑人员的监督和考察。同时，监狱应将批准文书和相关法律文书送达检察机关和原判法院。

（二）保外就医的期限是多长？

1. 服刑人员保外就医的期限一般为一年。对于保外就医期限将到的服刑人员，监狱应当提前二个月通知服刑人员到监狱进行检查，因疾病等原因不能到监狱接受检查的，监狱可以派警察和医生到服刑人员居住地调查了解服刑人员情况，并收集有关证明材料。对疾病未愈，需要继续保外就医，并经当地公安机关考察同意的，监狱根据其病情和表现情况决定是否继续保外就医。对续保服刑人员应重新按程序审批，经省监狱管理局批准后再继续执行。具保人应积极配合监狱做好监督管理服刑人员的工作，对保外就医期限届满没有办理相关手续的服刑人员，监狱应当收监执行。

2. 服刑人员保外就医期间死亡、下落不明、重新违法犯罪或有立功表现、刑期届满的，按有关法律法规办理。

3. 采取非法手段骗取保外就医和服刑人员未经公安机关批准擅自外出期间不计入执行刑期。

4. 服刑人员保外就医期间的一切费用自理。对于因公致伤致残保外就医的，监狱应按规定，根据伤残程度给予一定的医疗补助费，家庭困难的应给予一定救济金，并与服刑人员本人和家属签订书面协议。

（三）保外就医的条件有哪些？

服刑人员在服刑改造期间，有下列情况之一的，亲属又有抚养条件的可以准许保外就医：

1. 身患严重疾病，短期内有死亡危险的。

2. 年龄在六十岁以上，身体多病，已失去危害社会可能的。

3. 身体多病或残疾，生活难以自理的，适用保外就医不致再危害社会的。

4. 原判无期徒刑和死刑缓刑二年执行后减为无期徒刑的服刑人员，从执行无期徒刑起服刑七年以上，或者原判有期徒刑的服刑人员执行原判刑期（已减刑的，按减刑后的刑期计算）三分之一以上（含减刑时间），患严重慢性疾病，长期医治无效的。但如果病情恶化有死亡危险，改造表现较好的，可以不受上述期限的限制。

5. 对累犯、惯犯、危害国家安全罪的服刑人员和因杀人、抢劫、强奸、爆炸、绑架等暴力性犯罪被判处十年以上有期徒刑、无期徒刑的服刑人员保外就医，从严控制；对老残犯保外就医，适当放宽。

6. 服刑人员所患疾病或伤残必须符合服刑人员保外就医疾病伤残范围。

因公致残或者因意外伤残的服刑人员保外就医的，由监狱、劳改队、少管所负责治疗，也可以给予定期或者一次性补助。

（四）不准保外就医的情形有哪些？

虽符合上述条件，但有下列情形之一的服刑人员，一律不准保外就医：

1. 罪恶民愤很大，受害人及其家属不谅解、群众不同意的。

2. 在服刑期间，改造表现一贯较差的。

3. 为逃避惩罚在狱内自伤自残的。

对累犯、惯犯、反革命犯的保外就医，从严控制；对少年犯、老残犯、女犯的保外就医，适当放宽。

（五）看守所在押人员如何就医？

现在看守所归公安机关管辖，看守所在押人员去医院就医应由当地公安机关的局长批准。一般由主管看守所的副局长签字就可以。根据《中华人民共和国看守所条例》第五条规定“看守所以县级以上的行政区域为单位设置，由本级公安机关管辖。”且看守所应当配备必要的医疗器械和常用药品。人犯患病，应当给予及时治疗；需要到医院治疗的，当地医院应当负责治疗；病情严重的可以依法取保候审。

（六）看守所犯人可以保外就医吗？

根据相关的法律法规的规定，保外就医是针对服刑人员的，看守所内刑事拘留或逮捕犯罪嫌疑人不适用保外就医，只能适用取保候审来解决问题。如确需就医也会被羁押至监狱司法系统的医院治疗和住院。保外就医是指被判处有期徒刑或拘役的服刑人员因患有严重疾病，经有关机关批准取保在监外医治。保外就医是监外执行的一种。监外执行是指被判处有期徒刑或者拘役的服刑人员，由于出现了法律规定的情况，不适宜在监狱执行刑罚而采取的变更执行方法。

一般是两种情况：

1. 人民法院判决时发现服刑人员患有严重疾病，不适宜在监狱或其他劳动改造场所内执行刑罚，直接决定保外就医。

2. 服刑人员在服刑期间，患有严重疾病、短期内有生命危险，或者患严重慢性疾病、在劳动改造场所长期治疗无效，严重影响其身心健康的，可以保外就医；保外就医的服刑人员应由服刑人员所在地的公安机关监督考察。保外就医期间应计算在刑期之内。如果服刑人员病已痊愈刑期未满，应收监继续执行剩余刑期；如果刑期已满，则按期释放。

第七章

常用民事法律知识

第一节　婚　姻

一、服刑人员的离婚诉讼应由哪个法院管辖？

1. 如果是服刑人员提出离婚诉讼的，按照“原告就被告”的一般管辖原则，服刑人员应当向其配偶住所地的人民法院起诉离婚。

2. 如果是服刑人员的配偶提出离婚诉讼的，那么应该向原告（即服刑人员配偶自己）住所地的法院起诉。

《民事诉讼法》第二十三条规定：下列民事诉讼，都由原告住所地人民法院管辖；原告住所地与经常居住地不一致的，由原告经常居住地人民法院管辖：（一）对不在中华人民共和国领域内居住的人提起的有关身份关系的诉讼；（二）对下落不明或者宣告失踪的人提起的有关身份关系的诉讼；（三）对被劳动教养的人提起的诉讼；（四）对被监禁的人提起的诉讼。

3. 如果双方当事人都被监禁或被劳动教养的，由被告原住所地人民法院管辖。被告被监禁或被劳动教养一年以上的，由被告被监禁地或被劳动教养地人民法院管辖。

也就是说，如果夫妻双方都是服刑人员的话，如果被告服刑不到一年，那么就由被告的原住所地法院管辖；如果被告服刑超过了一年，那就由监禁地的法院管辖。这时候，原告住所地和原告监禁地的法院是无权管辖的。

二、法院判决准予离婚的条件是什么？

判决离婚有两个条件：程序性条件和实质性条件。

程序性条件，是专指所有的离婚诉讼，必须经过调解程序，不经调解程序而直接判决，是不符合法律规定的。

实质性条件，是指夫妻感情确已破裂，即认定夫妻感情破裂的具体标准，主要从以下几个方面来确认。

1. 重婚或有配偶者与他人同居应当认定为夫妻感情确已破裂。这一方面主要包括下列行为：

（1）有重婚行为的。

重婚，是对夫妻忠实请示权的严重破坏，它违反了夫妻之间的忠实义务。重婚行为人不能通过重婚行为达到成立另一婚姻的法律后果。

（2）存在有配偶者与他人同居的行为。

有配偶者与他人同居，也就是通常所说的姘居，是指有配偶的男女与他人公开共同生活并发生两性关系的行为。也就是说，有配偶的男女，以夫妻名义，持续、稳定地共同居住的行为。

2. 实施家庭暴力或虐待、遗弃家庭成员。

所谓家庭暴力，是指行为人以殴打、捆绑、残害、强行限制人身自由或者其他手段，给其他家庭成员的身体、精神等方面造成一定伤害后果的行为。持续性、经常性的家庭暴力，构成虐待。虐待既包括积极的行为，如打骂、伤害等，也包括消极的不作为，如不给饮食、患病不给治疗等。遗弃家庭成员，主要是指负有义务而未履行义务，其表现的形式可是作为也可是不作为。

3. 有赌博、吸毒等恶习屡教不改。

在长期、固定的家庭结合之中，要求夫妻双方彼此信赖，实行家务分工，若一方有赌博、吸毒等恶习，不履行家庭义务，导致伤害夫妻感情的。

4. 因感情不和分居满二年。

以夫妻为主组成的家庭，应当有夫妻的共同生活。由于感情不和，双方不能长时间地在共同的家庭中共同生活，也不能成为一个完整的家庭，所以应当认定夫妻感情破裂。

5.其他导致夫妻感情破裂的情形。

根据最高人民法院司法解释的规定，属于下列情况之一的，一方坚决要求离婚的，经调解无效，视为夫妻感情确已破裂，可以依法判决离婚。

（1）一方患有法定禁止结婚的疾病，或一方有生理缺陷，或其他原因不能发生性行为，且难以治愈的。

（2）婚前缺乏了解，草率结婚，婚后未建立起夫妻感情，难以共同生活的。

（3）婚前隐瞒了精神病，婚后经治不愈，或者婚前知道对方患有精神病而与其结婚，或一方在夫妻共同生活期间患有精神病，久治不愈的。

（4）一方欺骗对方，或者在结婚登记时弄虚作假，骗取结婚证的。

（5）双方办理结婚登记后，未同居生活，无和好可能的。

（6）包办、买卖婚姻，婚后一方随即提出离婚的，或者虽共同生活多年，但确未建立起夫妻感情的。

（7）因感情不和已满两年，确无和好可能的，或者经人民法院判决不准离婚后又分居满一年，互不履行夫妻义务的。

（8）一方与他人通奸、非法同居，经教育仍无悔改表现，无过错一方起诉离婚，或者过错方起诉离婚，对方不同意离婚，经批评教育、处分或在人民法院判决不准离婚后，过错方又起诉离婚，确无和好可能的。

（9）一方重婚，对方提出离婚的。

（10）一方好逸恶劳、有赌博等恶习，不履行家庭义务，屡教不改，夫妻难以共同生活的。

（11）一方被判处长期徒刑，或其违法，犯罪行为严重伤害夫妻感情的。

（12）受对方的虐待、遗弃，或者受对方亲属虐待，或虐待对方亲属，经教育不改，另一方不谅解的。

三、离婚后或配偶死亡后，原夫妻共同债务怎么承担？

夫妻一方死亡或双方离婚后，对于夫妻关系存续期间所负的共同债务，生存的一方或离婚后的其中一方人负连带责任，而不论财产是否已经分割完毕。其中一方承担债务后，可以在另一方应当承担的责任范围内向另一方追偿。在实际生活中，生存一方所行使的追偿权又要受到夫妻财产制度和遗产继承制度的限制和制约。具体表现为以下几个方面：（1）夫妻双方实行约定财产制的，生存一方在履行了连带清偿责任后，应当在约定财产的范围内行使追偿权；（2）夫妻双方实行法定财产制的，应当首先用共同财产清偿。如共同财产不足以清偿，可用死亡一方的其他遗产清偿，如一方的婚前财产等个人财产；（3）无论是实行约定财产制还是法定财产制，生存一方求偿权的行使以死亡一方的全部遗产的实际价值为限，超过遗产实际价值的部分，除继承人自愿偿还外，生存一方的求偿权将不能实现。

四、什么是无效婚姻？

无效婚姻，也称婚姻无效，是指男女两性虽经登记结婚但由于违反结婚的法定条件而不发生婚姻效力，应当被宣告为无效的婚姻。无效婚姻自始当然无效。严格地讲，无效婚姻并不是婚姻的一个种类，它只是用来说明借婚姻之名而违法结合的一个特定概念。

五、无效婚姻的法定情形有哪些？

1. 重婚的。重婚是指有配偶者又和他人登记结婚的情况。重婚行为严重违反了我国婚姻法关于一夫一妻制的基本原则，同时也触犯了刑律。因此存在重婚的情形的婚姻不具有效力，属于无效婚姻。

2. 有禁止结婚的亲属关系的，指的是男女之间是直系血亲或者三代以内旁系血亲的亲属关系的，他们之间的婚姻关系是无效的。直系血亲，指的是祖父母、父母、子女、孙子女。三代以内旁系血亲，指的是与自己出自同一父母、祖父母、外祖父母的情况，不论是不是同辈分，即包括兄弟姐妹，不论是不是同父同母；堂兄弟姐妹、姨、姑、舅表兄弟姐妹。

3. 婚前患有医学上不应当结婚的疾病，婚后尚未治愈的，即只有在一方或双方患有不应当结婚的疾病，而且在结婚以后，没有治愈的，则属于无效的婚姻。如果结婚时患有不应当结婚的疾病，但结婚以后已经治愈的，则属于合法的婚姻。

医学上认为不应当结婚的疾病主要有：严重遗传性疾病、指定传染病以及有关精神病。

4. 未到法定婚龄的，即男女任一方没有达到法定的结婚年龄的情况下，他们之间的婚姻是无效的。如果办理结婚登记时没有达到法定的结婚年龄，但现在双方都已经达到法定结婚年龄的，那么，他们之间的婚姻关系就是合法有效的，已经不再属于无效婚姻。

我国《婚姻法》明确的男女双方的法定婚龄是，男不得早于二十二周岁，女不得早于二十周岁。

六、宣告婚姻无效的程序是什么？

《婚姻法》规定的婚姻无效为宣告无效，须经法院判决。因而婚姻当事人或利害关系人欲主张婚姻无效，应由请求权人向人民法院提出宣告婚姻无效的申请。

有关婚姻效力的判决一经作出，即发生法律效力。实行一审终审，当事人上诉或申诉，人民法院均不予受理，但对财产分割和子女抚养的问题的判决不服的，可以上诉。

婚姻无效的案件不适用撤诉。

七、哪些人能申请宣告婚姻无效？

最高人民法院第三十号法释中规定："有权依据《婚姻法》第十条规定向人民法院就已办理结婚登记的婚姻宣告婚姻无效的主体，包括婚姻当事人及利害关系人。"而"利害关系人"包括下列人员：

1. 以重婚为由申请婚姻无效的利害关系人是指当事人的近亲属、基层组织。

2. 以未到法定婚龄为由宣告婚姻无效的利害关系人是指未达法定婚龄者的近亲属。

3. 以有禁止结婚的亲属关系为由申请宣告婚姻无效利害关系人是指当事人的近亲属。

4. 以婚前患有医学上认为不应当结婚的疾病，婚后尚未治愈为由申请宣告婚姻无效的，利害关系人是指与患者共同生活的近亲属。

八、什么是可撤销婚姻?

可撤销婚姻，是指已经成立的婚姻关系，因欠缺婚姻合意，受胁迫的一方当事人可在法定期限内向婚姻登记机关或人民法院请求撤销的违法结合。

根据《婚姻法》第十一条的规定，可撤销婚姻的事由仅限于胁迫。《婚姻法司法解释(一)》第十条规定，胁迫是指行为人以给另一方当事人或者其近亲属的生命、身体健康、名誉、财产等方面造成损害为要挟，迫使另一方当事人违背真实意愿结婚的情况。

九、可撤销婚姻请求权的行使期限是多长?

《婚姻法》对可撤销婚姻的请求权行使期限规定为一年，并规定:“受胁迫的一方撤销婚姻的请求，应当自结婚登记之日起一年内提出。被非法限制人身自由的当事人请求撤销婚姻的，应当自恢复人身自由之日起一年内提出。”

受胁迫方行使请求撤销婚姻效力请求权的一年期限为除斥期间，不发生中止、中断、延长。

十、可撤销婚姻请求权行使的程序是什么?

有两种程序:

1. 行政程序。

根据《婚姻登记条例》第九条规定，因胁迫结婚的，受胁迫的当事人依据《婚姻法》第十一条的规定向婚姻登记机关请求撤销其婚姻的，应出具下列证明材料：(1)本人的身份证、结婚证；(2)能够证明受胁迫结婚的证明材料。婚姻登记机关经审查认为受胁迫结婚的情况属实且不涉及子女抚养、财产及债务的，应当撤销该婚姻，宣告结婚证作废。

2. 诉讼程序。

根据《婚姻法》第十一条规定，受胁迫一方婚姻关系当事人也可以向人民法院请求宣告撤销婚姻。

十一、无效婚姻和可撤销婚姻的法律后果是什么？

无效或被撤销的婚姻，自始无效。当事人双方不具有夫妻的权利和义务。同居期间所得的财产，按共同共有处理，但有证据证明是一方所有的除外。对共同共有部分，当事人可协议处理；协议不成时，由人民法院根据照顾无过错方的原则判决。对重婚导致的婚姻无效的财产处理，不得侵害合法婚姻当事人的财产权益。当事人所生的子女，适用《婚姻法》有关父母子女的规定。

十二、什么是夫妻共同财产？

夫妻结婚后，即双方到登记机关登记结婚并领取《结婚证》之日起，到一方死亡或者离婚之前这段时间，是法律上所称的婚姻关系存续期间。这期间夫妻所得的财产，除双方在婚前有特殊约定外，都属于夫妻共同所有的家庭财产。

十三、哪些算夫妻共同财产？

1. 工资、奖金。

工资、奖金是夫妻一方或者双方基于劳动而获得的报酬和基于劳动而获得的工资以外的报酬，其性质都是劳动报酬，包含货币和有关财物。

2. 从事生产、经营的收益。

生产、经营的收益是夫妻一方或者双方从事生产、经营，主要指农村中的农业生产和城市里的工业生产以及第三产业等各行各业的生产经营收益，有劳动收入，也有资本收益，如股票债券收入、股份、股权等。

3. 知识产权的收益。

知识产权的收益是指婚姻关系存续期间，实际取得或者已经明确可以取得的财产性收益。

4. 因继承或赠予所得的财产，“但《婚姻法》第十八条第（三）项规定的除外”。

继承所得的财产，是夫妻一方或者双方在婚姻关系存续期间，依照法律规定接受被继承人死亡时留下的合法财产，包括法定继承和遗嘱继承所取得的财产；赠予所得的财产，是夫妻一方或者双方接受赠予人无偿给予财产的法律行为取得的财产，赠予所得的财产必须是已经取得所有权的财产，比如受赠予人进行所有权变更登记、实际取得财产等。对婚姻关系存续期间没有实际取得财产权的，赠予合同未发生法律效力的赠予财产，不是夫妻财产。

5. 其他应当归共同所有的财产。

婚姻关系存续期间，一方以个人财产投资取得的收益；双方实际取得或者应当取得的住房补贴、住房公基金；双方实际取得或者应当取得的养老保险金、破产安置费。

十四、夫妻的个人财产指的是什么？

1. 一方的婚前财产。

最高人民法院《关于适用《中华人民共和国婚姻法》若干问题的解释（一）》第十九条：“《婚姻法》第十八条规定为夫妻一方所有的财产，不因婚姻关系的延续而转化为夫妻共同财产。但当事人另有约定的除外。”

2. 一方因身体受到伤害获得的医疗费、残疾人生活补助费等费用。

夫妻一方因身体受伤害获得的医疗费、残疾人生活补助费等费用，是专门针对个人身体受伤后需要治疗，身体残疾后丧失部分或全部劳动能力应给予的补助。

3. 遗嘱或赠予合同确定只归夫或妻一方的财产。

即夫妻在婚姻关系存续期间继承或接受赠予所得的财产，如遗嘱或赠予合同写明了遗产或赠予财产只归夫或妻一方的，应认定为夫或妻的个人特有财产。

4. 一方专用的生活用品。

一方专用的生活用品是指供夫或妻一方个人生活专门使用的，具有明显的个人性质的生活用品。

5. 其他应当归一方的财产。

十五、婚前财产永远归一方吗？

《最高人民法院关于适用〈中华人民共和国婚姻法〉若干问题的解释（一）》规定："《婚姻法》第十八条规定为夫妻一方所有的财产，不因婚姻关系的延续而转化为夫妻共同财产。但当事人另有约定的除外。"也就是说，在没有约定的情况下，无论结婚多久，夫妻一方婚前的财产也不会自动转化为夫妻共同财产。

十六、离婚时，房屋分割问题如何处理？

1. 双方对夫妻共同财产中的房屋价值及归属无法达成协议时，人民法院按以下情形分别处理：

（1）双方均主张房屋所有权并且同意竞价取得的，应当准许。

（2）一方主张房屋所有权的，由评估机构按市场价格对房屋作出评估，取得房屋所有权的一方应当给予另一方相应的补偿。

（3）双方均不主张房屋所有权的，根据当事人的申请拍卖房屋，就所得价款进行分割。

2. 离婚时双方对尚未取得所有权或者尚未取得完全所有权的房屋有争议且协商不成的，人民法院一般不判决房屋所有权的归属，而是根据实际情况判决由当事人使用。当事人就前款规定的房屋取得完全所有权后，有争议的，可以另行向人民法院提起诉讼。

十七、一方赠与另一方房产，离婚时该房产如何分割?

婚前或者婚姻关系存续期间，当事人约定将一方所有的房产赠与另一方，赠与方在赠与房产变更登记之前撤销赠与，另一方请求判令继续履行的，人民法院可以按照合同法相关规定处理。

此时，如果一方赠与另一方房产，哪怕是结婚很多年，只要是房产未过户的，赠与一方也可以撤销赠与，离婚时房产还是属于赠与一方，不予分割。

十八、一方父母出资购房，离婚时该房产如何分割?

婚后由一方父母出资为子女购买的不动产，产权登记在出资人子女名下的，可按照《婚姻法》的规定，视为只对自己子女一方的赠与，该不动产应认定为夫妻一方的个人财产。

此时，婚后一方父母出资买房的，产权登记在自己子女名下的，是对自己子女的赠与，与婚姻关系存续期间的另一方没有任何关系，离婚时作为夫妻一方个人财产，不予分割。

十九、双方父母出资购房，离婚时该房产如何分割?

由双方父母出资购买的不动产，产权登记在一方子女名下的，该不动产可认定为双方按照各自父母的出资份额按份共有，但当事人另有约定的除外。

婚后由双方父母出资购买的房屋，不管产权登记在哪一方名下，离婚时按照出资份额按份分割。

二十、一方婚前购买的房屋，离婚时该房产如何分割?

夫妻一方婚前签订不动产买卖合同，以个人财产支付首付款并在银行贷款，婚后用夫妻共同财产还贷，不动产登记于首付款支付方名下的，离婚时该不动产由双方协议处理。如不能达成协议的，人民法院可以判决该不动产归产权登记一方，还没有归还的贷款作为产权登记一方的个人债务。双方婚后共同还贷支付的款项及其相对应财产增值部分，离婚时应根据《婚姻法》规定的原则，由产权登记一方对另一方进行补偿。

二十一、以父母名义购房，离婚时该房产如何分割？

婚姻关系存续期间，双方用夫妻共同财产出资购买以一方父母名义参加房改的房屋，产权登记在一方父母名下，离婚时另一方主张按照夫妻共同财产对该房屋进行分割的，人民法院不予支持。购买该房屋时的出资，可以作为债权处理。

此时，双方用共同财产以父母名义买房，产权登记在一方父母名下的，房子的产权属于父母，离婚时不属于夫妻财产，不能分割，只能按照出资情况，算作债权要求偿还出资额。

二十二、以按揭方式购买的房屋，离婚时该房产如何分割？

在婚姻关系存续期间，双方是以共同收入来偿还银行贷款本息的，所以只能认定该套房屋的现有价值属于夫妻共同所有。对于房屋产权的分隔，在实践中，分割夫妻共同财产，原则上应当均等分割。根据生产、生活的实际需要、财产的来源等情况，由双方协议处理。《婚姻法》解释也只规定了："离婚时双方对尚未取得所有权或者尚未取得完全所有权的房屋有争议且协商不成的，人民法院不宜判决房屋所有权的归属，应当根据实际情况判决由当事人使用。"但应当分两种情况区别对待：一是在婚前，夫妻一方在婚前已付了房款，那么这个房子肯定是夫妻一方婚前个人财产；二是在婚后，偿还房屋的按揭贷款是由双方共同支付的，应当归属于双方共同财产，按按揭的数额分割。

二十三、离婚后发现有未分割财产的，如何分割处理？

1. 一方隐藏、转移、变卖、毁损夫妻共同财产，或伪造债务企图侵占另一方财产的，我国《婚姻法》规定：离婚时，对有上述行为的一方，可以少分或不分。离婚后，另一方发现有上述行为的，可以向人民法院提起诉讼，请求再次分割夫妻共同财产。

依据最高人民法院关于《婚姻法》的司法解释，有以上行为请求再次分割夫妻共同财产的诉讼时效为两年，从当事人发现之次日起计算。

2. 离婚的时候，有些财产可能因为当时某些原因而暂时没有分割，比如房产证还没有拿到手等，那么，离婚后，双方当事人依旧可以向法院提起诉讼，要求分割夫妻共同财产。《婚姻法》的司法解释（三）已经对这些问题做了明确规定，离婚后，一方以尚有夫妻共同财产未处理为由向人民法院起诉请求分割的，经审查该财产确属离婚时未涉及的夫妻共同财产，人民法院应当依法予以分割。

二十四、婚姻关系存续期间，夫妻一方能否要求分割夫妻共同财产？

《婚姻法》司法解释规定："婚姻关系存续期间，夫妻一方请求分割共同财产的，人民法院不予支持，但有下列重大理由且不损害债权人利益的除外：

1. 一方有隐藏、转移、变卖、毁损、挥霍夫妻共同财产或者伪造夫妻共同债务等严重损害夫妻共同财产利益行为的。

2. 一方负有法定扶养义务的人患重大疾病需要医治，另一方不同意支付相关医疗费用的。"即允许共同共有人在特殊情况下请求分割共有物，同时还要保持共有关系。

二十五、夫妻间订立借款协议的效力。

夫妻之间订立借款协议，以夫妻共同财产出借给一方从事个人经营活动或用于其他个人事务的，应视为双方约定处分夫妻共同财产的行为，离婚时可按照借款协议的约定处理。因此，夫妻间的借款协议在离婚时，一方应当要按协议的内容履行。

二十六、离婚时，公司股权怎么分割?

（一）夫妻二人持股的有限公司。

1. 持股比例不能认为是对夫妻共同财产的约定，分割时应为均分股份。

2. 夫妻二人愿意继续持有股份的，均分股份。

3. 夫妻一人不愿意持股，将股份作价一半补偿给不愿持股方，将公司变更为一人有限责任公司，或找到新的股东加入。

4. 夫妻都不愿意继续经营的，可以对公司资产进行拍卖或清算，夫妻分割清算后的资产，并注销公司。

（二）一方以共同财产出资与他人共同持股的有限公司。

1. 夫妻间直接转让股权。

（1）夫妻双方协商一致将出资额部分或者全部转让给该股东的配偶，过半数股东同意、其他股东明确表示放弃优先购买权的，该股东的配偶可以成为该公司股东。

（2）夫妻双方就出资额转让份额和转让价格等协商一致的，过半数股东不同意转让，但愿意以同等价格购买该出资额的，夫妻对转让出资所得的财产进行分割。

（3）过半数股东不同意转让，也不愿意以同等价格购买该出资额的，视为其同意转让，该股东的配偶可以成为该公司股东。

2. 作价补偿，股权在夫妻间不发生转移。

（1）持股配偶一方将本属于另一方的股份折价后，以货币的形式对另一方进行补偿。

（2）分割夫妻在公司内的共同财产，需要公司的全部净资产及债权、债务的清算，评估公司的净资产。

（3）如果夫妻不能协商一致，由夫妻一方预付评估费用，或双方各付一半评估费用。在诉讼过程中，双方都不愿意出评估费的，法院对这部分共同财产不予分割。

（三）夫妻一方或双方以共同财产入股时，作为隐名股东的。

在夫妻关系存续期间，夫妻双方或一方将共同财产以第三人的名义出资，夫妻双方是隐名的实际股东的，并和第三人签订隐名出资协议的，该部分资产属于夫妻共同财产，应当予以分割。

二十七、夫妻共同财产中，以一方名义在合伙企业出资，离婚时该出资如何分割？

夫妻共同财产中以一方名义在合伙企业中的出资，另一方不是该企业合伙人的，当夫妻双方协商一致，将其合伙企业中的财产份额全部或者部分转让给对方时，按以下情形分别处理：

1. 其他合伙人一致同意的，该配偶依法取得合伙人地位。

2. 其他合伙人不同意转让，在同等条件下行使优先受让权的，可以对转让所得的财产进行分割。

3. 其他合伙人不同意转让，也不行使优先受让权，但同意该合伙人退伙或者退还部分财产份额的，可以对退还的财产进行分割。

4. 其他合伙人既不同意转让，也不行使优先受让权，又不同意该合伙人退伙或者退还部分财产份额的，视为全体合伙人同意转让，该配偶依法取得合伙人地位。

二十八、婚姻关系存续期间的债务，离婚后怎么偿还？

关于夫妻债务问题，《婚姻法》规定，离婚时，原为夫妻共同生活所负的债务，应当共同偿还，但夫妻对婚姻关系存续期间所得的财产约定归各自所有的，夫或妻一方对外所负的债务，第三人知道该约定的，以夫或妻一方所有的财产清偿。

而相关的司法解释也规定了，债权人就婚姻关系存续期间夫妻一方以个人名义所负债务主张权利的，应当按夫妻共同债务处理，但夫妻一方能够证明债权人与债务人明确约定为个人债务，或者能够证明属于《婚姻法》第十九条第三款规定情形的除外。

从上述法规及司法解释可以看出，婚前债务在婚后没有用于夫妻共同生活的，另一方无偿还义务；而婚后，一方所欠债务是用于共同生活使用的，应属夫妻共同财产，应该由夫妻共同偿还。

二十九、什么情况下不得提出离婚？有无例外？

女方在怀孕期间、分娩后一年内或者中止妊娠后六个月内，男方不得提出离婚。女方提出离婚的，或者人民法院认为确有必要受理男方离婚请求的，不在此限。

三十、离婚后，孩子判归其母亲抚养，其母擅自变更了孩子的姓名，能否拒绝支付抚养费？

首先，《婚姻法》第二十二条的规定："子女可以随父姓，可以随母姓。"因此认为子女只能随父姓，不能随母姓的思想是错误的。

其次，根据最高人民法院《关于变更子女姓氏问题的复函》，孩子生母在离婚后，未征得孩子生父的同意，单方面决定更改孩子姓名的行为是不当的。

最后，因为孩子母亲更改孩子姓名，父亲就拒绝支付孩子的抚养费的行为违反《婚姻法》第三十六条、三十七条之规定，可依照《婚姻法》第四十八条，申请强制执行。

三十一、收入低，是否可以不承担抚养费？

不可以，这是法律规定的强制性抚养义务。关于子女抚养费的份额，可根据子女的实际需要、父母双方的负担能力和当地的实际生活水平确定。有固定收入的，一般按照其收入的百分之二十到百分之三十的比例给付。如果是无固定收入的，抚养费的数额可依据当年总收入或同行业平均收入，参照上诉比例确定，有特殊情况的可适当提高或降低。

三十二、子女如何抚养？

父母与子女间的关系，不因父母离婚而消除。离婚后，子女无论由父或母直接抚养，仍是父母双方的子女。离婚后，父母对于子女仍有抚养和教育的权利和义务。

在子女归谁抚养的问题上，法律规定：夫妻双方离婚后，哺乳期内的子女，以随哺乳的母亲抚养为原则。哺乳期后的子女，如双方因抚养问题发生争执不能达成协议时，由人民法院根据子女的权益和双方的具体情况判决。但是如果是在监狱服刑的人员由于丧失了对子女最基本的抚养条件和可能性，所以法院均是将子女抚养权判决给另一方。不过，服刑人员出狱后，其有能力提供给子女更好的生活环境，而目前的抚养人存在不适合继续抚养的情况，出狱的服刑人员可以要求变更对子女的抚养权。

三十三、养父母是否对养子女继续承担抚养义务？

养父母在离婚时，如果对抚养养子女发生争议，人民法院应当按照有利于保障养子女合法权益的原则，结合养父母双方的抚养能力和抚养条件等具体情况，判决养子女与养父或者养母共同生活。

根据《婚姻法》的规定："国家保护合法的收养关系。养父母养子女间的权利和义务，适用本法对父母子女关系的有关规定。"由此可见，养子女和生父母间的权利和义务关系与生父母子女间的权利义务关系是等同的，养父母离婚后与生父母离婚后对子女的抚养教育义务是一样的，只要收养关系没有依法解除，养父母在离婚后仍应承担对养子女的抚养教育义务。

三十四、养子女是否应该对生父母承担赡养义务？

根据《婚姻法》第二十六条的规定，国家保护合法的收养关系。养父母和养子女间的权利和义务，适用本法对父母子女关系的有关规定。养子女和生父母间的权利和义务，因收养关系的成立而消除。因此，子女在被他人合法收养后，生父母便不再承担抚养义务，该子女的抚养义务由养父母承担，所以养子女也就不再对生父母负有法律上的赡养义务。

第二节 继 承

一、什么是继承？

继承是指自然人死亡后，由法律规定的人或遗嘱指定的人依法取得死者遗留的个人合法财产的法律制度。继承有法定继承和遗嘱继承两种。法定继承的继承人的继承份额由法律直接规定；遗嘱继承的继承人以及继承份额由被继承人以遗嘱的形式指定。

二、遗产的范围是什么？

遗产是公民死亡时遗留的个人合法财产，包括：(1)公民的收入；(2)公民的房屋、储蓄和生活用品；(3)公民的林木、牲畜和家禽；(4)公民的文物、图书资料；(5)法律允许公民所有的生产资料；(6)公民的著作权、专利权中的财产权利；(7)公民的其他合法财产。

三、如何确认遗产的范围？

只有属死者份额的合法财产才能列入遗产范围。

1. 要查明公民死亡后所遗留的财产，其取得方式是否合法。公民生前非法取得的财产不能作为遗产用于继承。

2. 要查明公民对其生前实际占有的财产，是否确实享有所有权，如是向他人租借的财产，则不能作为遗产用于继承。

3. 要严格区分公民个人的财产及与他人共有的财产，如属共有财产，则应先析产，后继承。

4. 某些被继承人不可转让的人身性权利，如受扶养赡养的权利，领取养老金、退休金、病残人员补助金等权利是不能被继承的。

5. 要明确公民死亡后所遗留的财产在其生前是否已发生了所有权的转移。另外，还要查清抚恤金、生活补助费及保险金是否已明确了受益人，如已指定受益人，则属于该受益人所有，而不属于遗产的范围。

四、继承什么时间开始?

继承从被继承人死亡时开始。根据我国法律规定，公民的死亡分为自然死亡和宣告死亡。

1. 自然死亡时间的确定。

自然死亡亦称生理死亡或公民生命的绝对消灭。根据司法实践，确定公民自然死亡的依据是：

（1）被继承人呼吸停止，心脏停止跳动的时间。

（2）医院的死亡证书中记载的死亡时间。

（3）户籍管理登记手册中记载的死亡时间。

2. 宣告死亡时间的确定。

根据《民法通则》的规定，宣告死亡应当具备以下条件：

第一，公民下落不明须达到法定的期间。在一般情况下，公民须下落不明满四年才有权提出宣告死亡申请；但若因意外事故下落不明的，下落不明满两年的就可以提出宣告死亡申请；若因意外事故下落不明，经有关机关证明该公民不可能生存的，不受上述期间的限制。须注意的是，在战争期间下落不明的，须从战争结束之日起计算，并满四年后才能提出宣告死亡申请。

第二，须利害关系人提出申请。利害关系人有配偶、父母、子女、兄弟姐妹、祖父母、外祖父母、孙子女、外孙子女，其他有利害关系的。只有经利害关系人提出宣告死亡申请，人民法院才能依法作出死亡宣告。

第三，须由人民法院依法宣告。人民法院受理宣告死亡的案件后，须发出寻找失踪人的公告。公告期间为一年，但因意外事故下落不明，经有关机关证明该公民不可能生存的，公告期间为三个月。公告期满，人民法院可根据案件事实作出宣告死亡的判决或者驳回申请的判决。被宣告人死亡的，宣告判决之日为其死亡的日期。

公民死亡，在现实生活中是极其复杂的，有时公民死亡的时间对有关人员利益影响甚大，因此我国司法解释就某些特殊情形下如何确定公民的死亡时间作出了规定：

第一，互有继承关系的几个人在同事件中死亡，如不能确定死亡的先后时间的，推定没有继承人的人先死亡。

第二，如果长辈和晚辈同一事件中死亡，死亡的先后顺序无法确定的，推定先辈先死亡。

第三，如在同一事件中死亡的辈分相同的人，不能确定死亡的时间的，推定同时死亡，彼此之间不发生继承。

五、继承人的基本分类有哪些？

继承人分为：法定继承人和遗嘱继承人。

1. 法定继承人，是指按照法律规定的继承人范围、继承人顺序、遗产分配原则的一种继承方式。由于这种继承只是在没有遗嘱时发生法律效力的，故又称无遗嘱继承，也因为法定继承人的范围只限于被继承人的亲属，所以也称为家庭继承。

2. 遗嘱继承人，是指按照被继承人生前所留下的符合法律规定的合法遗嘱的内容要求，确定被继承人的继承人及各继承人应继承遗产的份额。

六、法定继承人的范围是什么?

法定继承的范围有:(1)配偶;(2)子女，包括婚生子女、非婚生子女、养子女、有抚养关系的继子女;(3)父母，包括生父母、养父母和有抚养关系的继父母;(4)兄弟姐妹;(5)祖父母、外祖父母。

七、法定继承的顺序是什么?

《继承法》第十条、第十一条、第十二条规定如下。

第一顺序:配偶、子女、父母。丧偶的儿媳对公婆、丧偶的女婿对岳父母，尽了主要赡养义务的，作为第一顺序继承人;养祖父母与养孙子女的关系，视为养父母与养子女关系的，可互为第一顺序继承人。在第一顺序中的继承人都有平等的继承权，没有性别和先后次序之分。

第二顺序:兄弟姐妹、祖父母、外祖父母。养子女与生子女之间、养子女与养子女之间，即养兄弟姐妹，都可成为第二顺序的继承人，但是被收养人与其亲兄弟姐妹之间和权利义务关系，因收养的关系成立而消除，不得互为第二顺序继承人，有扶养关系的继兄弟姐妹，可互为第二顺序继承人。没有扶养关系的继兄弟姐妹，不能互为第二顺序继承人。继兄弟姐妹之间互相继承了遗产的，仍可继承其亲兄弟姐妹的遗产。

第十条第二款规定:“继承开始后，由第一顺序继承人继承，第二顺序继承人不继承。没有第一顺序继承人继承的，由第二顺序继承人继承。”由此可见，法定继承人的顺序在法律意义上形成排斥和补充关系，即第一顺序必然排斥第二顺序，而第二顺序在第一顺序发生全部空缺时进行补位。只要第一顺序中有一个继承人存在或享有并行使继承权，即对第二顺序的继承人产生全面排斥后果，因而，第二顺序的继承人只能在三种情形下才产生补位效果，有权参加继承:(1)第一顺序中无继承人。(2)第一顺序中有继承人，但全部放弃继承。(3)第一顺序中有继承人，但全部丧失了继承权。

如果第二顺序中的继承人对被继承人生前尽的义务特别大，在第一顺序继承人继承遗产时，可以依照本法第十四条的规定取得适当部分遗产，但这不是实际继承权，而是对所尽义务的补偿。

八、同一顺序有多个继承人时，遗产如何分配？

同一顺序继承人继承遗产的份额，一般应当均等。《继承法》规定，有下列情况时，也可以不均等：

1. 对生活有特殊困难的缺乏劳动能力的继承人，分配遗产时，应当予以照顾。

2. 对被继承人尽了主要扶养义务或者与被继承人共同生活的继承人，分配遗产时，可以多分。

3. 有扶养能力和有扶养条件的继承人，不尽扶养义务的，分配遗产时，应当不分或者少分。

4. 继承人协商同意的，也可以不均等。

九、遗嘱继承的范围是什么？

《中华人民共和国继承法》第十六条第二款、第十九条的规定，即我国遗嘱继承人的范围，仅仅限于法定继承人中的一人或者多数人，如子女、父母、配偶、兄弟姐妹、祖父母、外祖父母、父母先死亡的孙子女、外孙子女，以及对公、婆、岳父母尽了主要赡养义务的丧偶儿媳和丧偶女婿等。被继承人可以把自己的财产留给上述法定继承人和代位继承人中的任何人，但是不应违反《继承法》第十九条的规定，即遗嘱应当对缺乏劳动能力又没有任何生活来源的继承人保留必要的遗产份额。

除此之外，既可以指定由其全部法定继承人继承他的遗产，也可把遗产的一部或全部不给有劳动能力的父母、配偶，而遗留给兄弟姐妹，也可以越过其子女，把遗产直接遗留给孙子女或外孙子女。

十、什么是受遗赠人？

受遗赠人是在遗嘱中指定的接受其遗赠财产的人。我国《继承法》规定的受遗赠人可以是法定继承人以外的公民，也可以是集体组织或社会团体，还可以是国家。受遗赠人必须是在遗赠人死亡时尚生存的公民或者尚合法存在的社会组织。

也就是说，公民也有权把自己的财产遗赠给国家、集体或法定继承人以外的人，这种人可能是与被继承人无任何亲属关系的公民，但国家、集体或法定继承人以外的人，只能作为受遗赠人，不能作为遗嘱继承人。

十一、什么是代位继承？

代位继承是指被继承人的子女先于被继承人死亡，由被继承人以死亡的子女的晚辈直系血亲代其参加继承，并继承其应继承的份额的一种继承制度。先于被继承人死亡的子女是被代位继承人，其晚辈直系血亲是代位继承人，他们的继承权是代位继承权。代位继承是法定继承中的一种特殊继承制度。

十二、代位继承在什么情况下发生？

要发生代位继承必须满足下面几个条件：

1. 被代位继承人必须是被继承人的子女。只有被继承人的子女先于被继承人死亡才能引起代位继承。被继承人任何别的继承人都不能成为被代位继承人，他们的晚辈直系血亲也不能取得代位继承权。被继承人的子女既包括婚生子女，也包括非婚生子女，养子女和已经形成抚养关系的继子女。

2. 被代位继承人必须先于被继承人死亡。即使被继承人的子女是继承开始以后遗产分割之前死亡的，也不能适用代位继承，而应适用转继承。

3. 代位继承人必须是被代位继承人的晚辈直系血亲。被代位继承人的旁系血亲或长辈血亲均无代位继承权。被代位继承人的晚辈直系血亲包括被代位继承人的生子女、养子女或有抚养关系的继子女，不受辈分限制。

十三、什么是转继承?

转继承，是指继承人在继承开始后实际接受遗产前死亡，该继承人的合法继承人代其实际接受其有权继承的遗产。转继承人就是实际接受遗产的死亡继承人的继承人。

根据我国相关法律规定，继承开始后，继承人没有表示放弃继承权，并于遗产分割前死亡，其继承遗产的权利转移给他的合法继承人。

十四、转继承的适用范围是什么?

转继承可以发生在法定继承中，也可以发生在遗嘱继承中。

例如，遗嘱中指定的遗嘱继承人于继承开始后没有表示放弃继承权，但在未实际接受遗产前死亡，此时该遗嘱继承人依照遗嘱应得到的遗产由其法定继承人继承，这也就发生转继承。

十五、代位继承与转继承的区别。

1. 继承人死亡的时间不同。代位继承是被继承人的继承人先于被继承人死亡或与被继承人同时死亡；转继承是被继承人的继承人在继承活动开始之后，遗产处理之前死亡。

2. 继承的内容不同。代位继承是继承人的子女直接参与对被继承人遗产的分割，与其他有继承权的人共同参与继承活动；转继承的继承只能对其法定继承人应继承的遗产进行分割，不能与被继承人的其他合法继承人共同分割被继承人的遗产。

3. 继承人的范围不同。代位继承只能发生与被继承人有直系血亲或拟制血亲的子女范围内，如子女、孙子女、外孙子女，且不受辈分限制，均可成为代位继承人；转继承人却不仅限于有直系血亲或拟制血亲的子女、孙子女、外孙子女范围内，由于转继承是继承继承人的遗产，因此，作为第一顺序继承人的子女、配偶、父母都有继承权。

4. 可继承的范围不同。在转继承中，即可发生在法定继承中，也可发生在遗嘱继承中，而代位继承则只能发生在法定继承中。

十六、继承权可以放弃吗?

继承权是法律赋予公民的一项基本权利。权利和义务不同，权利是可以被放弃的，因此，继承权可以被继承人放弃。

继承人放弃继承权是一种单方的法律行为，无须征求任何人的同意或认可，均有放弃继承权的自由。但是，在有些特殊情况下，如果继承人放弃继承权会损害第三人利益的，则继承人不得放弃继承权。最高人民法院的司法解释中明确规定，继承人因放弃继承权，致其不能履行法定义务的，放弃继承权的行为无效。

十七、继承权的放弃是指什么?

继承权的放弃，是指继承人于继承开始后，遗产分割前，明确作出放弃其继承被继承人遗产的权利的意思表示。

需要注意的是，放弃继承只能以明示的方式，并且要在遗产分割之前作出。在遗产分割之前没有明确表示放弃继承权的，视为接受；在遗产分割之后作出放弃的，则不是放弃继承权而是放弃应得的遗产的所有权了。

十八、放弃财产继承权会有什么样的后果?

放弃继承权实际上是对继承地位和继承份额的放弃。放弃继承权的人不继承遗产，通常条件下，对被继承人依法应当缴纳的税款和债务也就可以不负清偿的责任。但是，这并不意味着继承人可以因此而不履行法定义务。比如，负有扶养、赡养义务的继承人，即使放弃了继承权，对被继承人生前因生活、就医所形成的债务，仍应在自己的义务范围内负担必要的偿还责任。又如，继承人不得以放弃对已故配偶的遗产的继承权为由，规避对双方子女的抚养义务。

十九、被放弃的继承份额怎么处理？

被放弃的继承份额就在参加继承的继承人中分配。如果表示放弃继承的是遗嘱继承人，则放弃的份额应当转归法定继承人继承。如果放弃继承的是法定继承人，其应继承份额由其他法定继承人按法律规定的继承顺序继承；如果放弃继承的是被继承人的唯一法定继承人时，被继承人的遗产归国家或集体享有。

二十、继承人已经放弃了继承权，是否允许反悔？

最高人民法院《关于贯彻执行〈中华人民共和国继承法〉若干问题的意见》第五十条规定："遗产处理前或在诉讼进行中，继承人对放弃继承反悔的，由人民法院根据其提出的具体理由决定是否承认。遗产处理后，继承人对放弃继承反悔的，不予承认。"

据此，人民法院有权决定是否承认继承人要求撤销放弃继承权的意思表示，但是，继承人如果在分割遗产后提出撤销的，法院不再予以支持。继承人放弃继承后，原则上不准许其撤销，只有当其放弃继承的意思表示有瑕疵时，才可允许其撤销。

二十一、服刑人员有遗产继承权吗？

我国法律规定公民享有广泛的民事权利，其中就包括继承权。在一般情况下，公民犯了罪，被判处了徒刑，甚至被剥夺政治权利，仍然享有继承权，其他人不得侵犯他的权利。

根据《婚姻法》第十八条第二款的规定，父母和子女有相互继承遗产的权利，凡是我国公民，都享有民事权利。这种民事权利包括财产权利和人身权利，是受国家法律保护的。继承权是属于财产权的一种，当然也在法律保护的范围之内，并不因继承人有刑事犯罪问题而改变。

但是，并不是每个犯罪服刑的人都享有继承权。根据《继承法》第七条规定，继承人有下列行为之一的，丧失继承权：（1）故意杀害被继承人的；（2）为争夺遗产而杀害其他继承人的；（3）遗弃被继承人的，或者虐待被继承人情节严重的；（4）伪造或者销毁遗嘱，情节严重的。

因此，继承人因其他原因被判刑入狱的，只要不属于上述的丧失继承权的四种情况，在监狱服刑的继承人仍然依法享有继承的权利。

二十二、服刑人员继承权被侵害的处理。

如果不是因《继承法》第七条规定的犯罪行为被判处刑罚的，继承人无论是被判处有期徒刑、无期徒刑以至死刑并附加剥夺政治权利和被单处剥夺政治权利时，都不丧失继承权。也就是说，如果罪犯不是因为丧失继承权的原因犯罪的，仍然享有继承权。未剥夺继承权的犯罪人员，由于服刑期间人身自由受限制，其继承的财产一般由其他近亲属负责保管。如果其他继承保管人侵犯了他的合法权益，服刑人有权依照法律规定，向人民法院提起诉讼，维护自己的合法权益。

二十三、遗产继承纠纷的管辖。

根据《民事诉讼法》第三十四条第三款规定："因继承遗产纠纷提起的诉讼，由被继承人死亡时住所地和主要遗产所在地人民法院管辖。"是指如果被继承人生前有两个以上的住所的，在哪个住所死亡，该住所的法院就对继承纠纷有管辖权；若被继承人遗产在多个地方都涉及时，其主要遗产所在地的法院对继承纠纷享有管辖权。

根据《民事诉讼法》第三十四条第一款规定："因不动产纠纷提起的诉讼，由不动产所在地人民法院管辖。"该专属管辖表明，如果继承纠纷涉及的是房屋等不动产，只能在不动产所在地的法院进行诉讼，即该不动产法院享有管辖权，应向该不动产所在地的法院提起继承纠纷的诉讼。

《民事诉讼法》第三十五条规定："两个以上人民法院都有管辖权的诉讼，原告可以向其中一个法院起诉；原告向两个以上有管辖权的人民法院起诉的，由最先立案的人民法院管辖。"那么，其他有管辖权的法院就应将后立案的或还未立案的案件依法裁定移送先立案的法院审理。

二十四、遗嘱的种类及效力。

遗嘱分为：公证遗嘱、自书遗嘱、代书遗嘱、录音遗嘱、口头遗嘱。

1. 公证遗嘱。公证遗嘱即遗嘱人经公证机关办理的遗嘱。根据我国《公证法》第二条的规定，公证是公证机关根据自然人、法人或者其他组织的申请，依照法定程序对民事法律行为、有法律意义的事实和文书的真实性、合法性予以证明的活动。公证遗嘱的方式是最严格的遗嘱方式，经过公证的遗嘱具有很强的证据效力和证明效力。为了预防纠纷、减少诉讼、订立遗嘱的，最好采用公证遗嘱的方式。

2. 自书遗嘱。遗嘱人自己书写的遗嘱，成为自书遗嘱。自书遗嘱应当由遗嘱人亲笔书写、签名、注明年月日。需要注意的是，最高法关于《继承法》若干意见第四十条规定，公民在遗书中涉及死后个人财产处分的内容，确为死者真实意思的表示，有本人签名并注明了年月日，又无相反证据的，可按自书遗嘱对待。

3. 代书遗嘱。代书遗嘱是由他人代笔书写的遗嘱。代书遗嘱通常是在遗嘱人不会写字或因病不能写字的情况下不得已而为之的。但为了保证代笔人书写的遗嘱确实是遗嘱人的真实意思，减少纠纷，应由二人以上的见证人在场见证，由其中一人代书，注明年月日，并由代书人、其他在场见证人和遗嘱人在代书遗嘱上签名。

4. 录音遗嘱。录音遗嘱是由录音机录制下来的遗嘱人口授的遗嘱。用录音遗嘱容易被伪造和剪辑，因此，法律规定以录音形式立的遗嘱，应当有两个以上见证人在场见证，以证明遗嘱的真实性。

5. 口头遗嘱。口头遗嘱是由遗嘱人口头表达并不以任何方式记载的遗嘱。口头遗嘱完全靠见证人表述证明，极其容易发生纠纷。因此法律规定，遗嘱人只能在危急的情况下才可以立口头遗嘱，并且必须有两个以上见证人在场见证。危急情况解除后，以主人能够用书面或录音形式立遗嘱的，应当用书面形式或录音形式立遗嘱，所立口头遗嘱无效。

在这五种遗嘱形式中，以公证遗嘱效力最高。根据最高院关于《继承法》若干意见第四十二条规定，遗嘱人以不同形式立有数份内容相抵触的遗嘱，其中有公证遗嘱的，以最后所立公证遗嘱为准；没有公证遗嘱的，以遗嘱人生前所立的最后一份遗嘱为准。

二十五、对被继承人生前的债务如何处理？

根据《继承法》规定，如果被继承人遗留有债务，继承人应当先清偿被继承人的债务，然后再分割遗产。所以继承人在继承被继承人的遗产时，应当清偿被继承人依法应当缴纳的税款和债务，缴纳税款和清偿债务以他的遗产实际价值为限。超过遗产实际价值部分，继承人自愿偿还的不在此限。如果继承人放弃继承的，其对被继承人依法应当缴纳的税款和债务可以不负偿还责任。执行遗赠不得妨碍清偿遗赠人依法应当缴纳的税款和债务。

二十六、如何确定被继承人的个人债务？

被继承人的债务是指被继承人个人生前依法应该缴纳的税款、罚金以及应由他个人偿还的合法的财产性债务。主要包括：

1. 被继承人依法应当缴纳的税费。
2. 被继承人因合同之债欠下的债务。
3. 被继承人因侵权行为而应承担的损害赔偿的债务。
4. 被继承人因不当得利而承担的返还不当得利的债务。
5. 被继承人因无因管理而承担的补偿管理人必要费用的债务。
6. 其他属于被继承人个人的债务，如合伙事务中属于被继承人应当承担的债务等。

二十七、清偿被继承人债务的原则是什么？

继承人清偿被继承人债务的原则有：

1. 以接受继承为前提的原则。继承人只有在接受继承时，才依法承担被继承人的债务。

2. 限定继承原则。继承人清偿被继承人依法应缴纳的税款和债务应以其取得遗产的实际价值为限，超过部分可以不予偿还，但继承人自愿偿还的不受限。

3. 保留特定继承人遗产份额原则。如果继承人缺乏劳动能力又没有生活来源的，即使遗产不足以清偿债务，也应当为其保留适当的遗产。

4. 清偿债务优于执行遗赠的原则。我国《继承法》第三十四条规定："执行遗赠不得妨碍清偿遗赠人依法应当缴纳的税款和债务。"

二十八、在多种取得遗产的方式并存的情况下怎么清偿？

首先由法定继承人用其所得遗产清偿债务，不足清偿时，由遗嘱继承人和受遗赠人按比例用所得遗产偿还；如果只有遗嘱继承和受遗赠的，由遗嘱继承人和受遗赠人按比例用所得遗产清偿。在多种被继承人债务并存的情况下，应按一定顺序清偿。首先清偿具有优先权的债权，比如工人工资和劳动保险费用、用遗产进行了担保的债权等。然后才能清偿普通债权。

二十九、胎儿是否有继承权？

根据《继承法》及司法解释有关规定，遗产分割时，应当保留胎儿的继承份额。如胎儿出生后死亡的，由其继承人继承；如胎儿出生时就是死体的，由被继承人的继承人继承。

第三节　民事法律常识

一、什么是民事行为？

民事行为是可以产生、变更或消灭民事法律关系的行为，是以意思表示为要素发生民事法律后果的行为，民事行为又称为法律行为。

民事行为包括民事法律行为、无效民事行为、可变更或可撤销的民事行为、效力未定的民事行为。

二、民事法律行为应当具备哪些条件？

民事法律行为是指公民或法人以设立、变更、终止民事权利和民事义务为目的的具有法律约束力的合法民事行为。

民事法律行为应当具备的条件是：（1）行为人具有相应的民事行为能力；（2）意思表示真实；（3）不违反法律、行政法规或者社会公共利益。

三、什么是无效民事行为？哪些民事行为无效？

无效民事行为指欠缺法律行为根本生效要件，自始、确定和当然不发生行为人意思之预期效力的民事行为。

我国民法通则规定的无效民事行为共有七类：

1. 无民事行为能力人实施的。在我国，主要包括不满八周岁的未成年人和不能辨认自己行为的精神病人。

2. 限制民事行为能力人依法不能独立实施的，指八周岁以上十八周岁以下的未成年人是限制民事行为能力人（已满十六周岁并以自己劳动收入作为生活来源的，视为完全民事行为能力人），实施的与他的年龄、智力不相适应的民事活动，不能完全辨认自己行为的精神病人实施的与他的精神健康状况不相适应的民事活动。

3. 一方以欺诈、胁迫的手段或者乘人之危，使对方在违背真实意思的情况下所为的。

4. 恶意串通，损害国家、集体或者第三人利益的。

5. 违反法律或者社会公共利益的。

所谓违法行为，不仅指违反民法规范，也包括违反其他部门法的规范，同时包括违反国家政策，损害社会公共利益。

6. 经济合同违反国家指令性计划的。

7. 以合法形式掩盖非法目的的。

无效的民事行为，从行为开始起就没有法律约束力。也就是说，一旦该行为被认定为无效，其法律约束力从开始后就没有约束力。

四、什么是民事行为能力？

民事行为能力，是指法律确认的公民通过自己的行为从事民事活动，参加民事法律关系，取得民事权利和承担民事义务的能力。

公民的民事行为能力具有如下法律特征：

1. 民事行为能力由国家法律加以确认。公民是否具有独立从事民事活动的能力，不取决于公民的主观意愿。

2. 民事行为能力与公民的年龄和智力状态直接相联系。只有达到一定年龄、智力状态正常的公民，才能正确地理解其行为的社会意义，独立完成某一民事行为，取得民事权利，承担民事义务。因此，法律对不同年龄和智力状态的公民规定不同的民事行为能力。

3. 民事行为能力非依法定条件和程序受限制或取消。由于民事行为能力是国家法律赋予公民从事民事活动的资格，因此，除非法律规定的应当限制或取消公民民事行为能力的情形出现，否则，任何个人和组织无法不得限制或取消公民的民事行为能力。

五、什么是可撤销的民事行为？哪些民事行为可以申请变更或撤销？

可撤销的民事行为是指民事行为虽已成立并生效，但因意思表示不真实，可以因行为人撤销权的行使，使其自始不发生效力的民事行为。可撤销的民事行为在被撤销前，已发生效力，明显不同于绝对无效的民事行为。

可撤销民事行为有：

1. 重大误解的。这是指因认识错误实施的行为。基于错误认识的行为，行为人的表意虽然是自愿的，但却是违背本意的，所以该行为属于得撤销行为。重大误解，在主观上是属于过失，如果是基于故意，那就构成欺诈了。对于重大误解的客体，最高人民法院《民通意见》第七十一条规定：行为人因对行为的性质，对方当事人，标的物的品种、质量、规格和数量等的错误认识，使行为的后果与自己的意思相悖，并造成较大损失的，可以认定为重大误解。

2. 显失公平的。显失公平行为是指民事行为效果明显违背公平原则的行为。对于民事行为达到何种程度算显失公平，最高人民法院《民通意见》第七十二条的解释是：一方当事人利用优势或者利用对方没有经验，致使双方的权利与义务明显违反公平、等价有偿原则的，可以认定为显失公平。

3. 乘人之危。最高人民法院《民通意见》第七十条规定：一方当事人乘对方处于危难之机，为牟取不正当利益，迫使对方作出不真实的意思表示，严重损害对方利益的，可以认定为乘人之危。根据《合同法》规定，乘人之危订立的合同，须是不损害国家利益时，才构成可撤销行为，否则为无效民事行为。

4. 欺诈、胁迫。欺诈、胁迫的要件，前文已述。最高人民法院《民通意见》第六十八条规定：一方当事人故意告知对方虚假情况，或者故意隐瞒真实情况，诱使对方当事人作出错误意思表示的，可以认定为欺诈行为。第六十九条规定：以给公民及其亲友的生命健康、荣誉、名誉、财产等造成损害，或者以给法人的荣誉、名誉、财产等造成损害为要挟，迫使对方作出违背真实的意思表示的，可以认定为胁迫行为。欺诈、胁迫行为，也是不损害国家利益时，构成可撤销民事行为，否则，为无效民事行为。

六、可以提起撤销、变更民事行为的时间是多久？

撤销权、变更权因须以诉为之，如久拖不行使，将影响相对人的利益和法律秩序的稳定。最高人民法院《民通意见》第七十三条第二款规定：可变更或者可撤销的民事行为，自行为成立时起超过一年当事人才请求变更或者撤销的，人民法院不予保护，即撤销权、变更权必须在该权利成立起一年内行使，逾期该权利消灭，但权利人以明示或默示方式放弃的，撤销权自放弃之日起消灭。

七、什么是效力未定民事行为？它有哪些类型？

效力未定民事行为又称效力待定民事行为，指行为虽已成立，但是否生效还尚不能确定，须经第三人的意思的表示来确定其效力的民事行为。

效力待定民事行为的类型有：

1. 限制民事行为能力人实施的依法不能独立实施的双方行为（即合同行为）。

该种行为如事后得到其法定代理人追认，则有效；反之，其法定代理人拒绝追认，则该行为无效。此类行为成立后，法定代理人表态前，行为的效力待定。

2. 无权代理行为。

无权代理人以被代理人名义实施的民事行为，被代理人事后追认的，则对被代理人发生效力；反之，被代理人事后不追认的，该行为自始对被代理人不发生效力。该行为成立后，被代理人表态前，行为的效力待定。

3. 无权处分权的处分行为。

指无处分权人以自己民意对他人权利标的所实施的处分行为；该行为一般不发生效力，但经权利人追认后，可产生效力。

4. 债权同意欠缺的债务转移行为。

指债的效力不变，而由第三人承受债的民事行为（更换债务人）；经债权人追认同意后，发生效力。

八、哪些财产不能抵押？

我国《物权法》规定了如下财产不得抵押：

1. 土地所有权。

2. 耕地、宅基地、自留地、自留山等集体所有的土地使用权，但第一百八十三条即“乡镇、村企业的建设用地使用权不得单独抵押。以乡镇、村企业的厂房等建筑物抵押的，其占用范围内的建设用地使用权一并抵押”的规定除外。

3. 学校、幼儿园、医院等以公益为目的的事业单位、社会团体的教育设施、医疗卫生设施和其他社会公益设施。

4. 所有权、使用权不明或者有争议的财产。

5. 依法被查封、扣押、监管的财产。

6. 法律、行政法规规定不得抵押的其他财产。

九、可抵押财产的范围是什么?

《物权法》规定下列财产可以抵押:

1. 建筑物和其他土地附着物。

2. 建设用地使用权。

3. 以招标、拍卖、公开协商等方式取得的荒地等土地承包经营权。

4. 生产设备、原材料、半成品、产品。

5. 正在建造的建筑物、船舶、航空器。

6. 交通运输工具。

7. 法律、行政法规未禁止抵押的其他财产。

抵押人可以将前款所列财产一并抵押。

十、以土地使用权抵押的，附着在上面的房屋如何处理?

《物权法》规定:以建筑物抵押的，该建筑物占用范围内的建设用地使用权一并抵押。以建设用地使用权抵押的，该土地上的建筑物一并抵押。

抵押人未依照前款规定一并抵押的，未抵押的财产视为一并抵押。

十一、哪些财产作为抵押物时，需要办理抵押物登记手续?应该去什么部门办理抵押物登记?

《担保法》第四十二条规定了下列抵押物应当办理抵押物登记:

1. 以无地上定着物的土地使用抵押的，为核发土地使用权证书的土地管理部门。

2. 以城市房地产或者乡（镇）、村企业的厂房等建筑物抵押的，为县级以上地方人民政府规定的部门。

3. 以林木抵押的，为县级以上林木主管部门。

4. 以航空器、船舶、车辆抵押的，为运输工具的登记部门。

5. 以企业的设备和其他动产抵押的，为财产所在地的工商行政管理部门。

十二、哪些不能做保证人?

国家机关不得为保证人，但经国务院批准为使用外国政府或者国际经济组织贷款进行转贷的除外。

学校、幼儿园、医院等以公益为目的的事业单位、社会团体不得为保证人。

企业法人的分支机构、职能部门不得为保证人。

企业法人的分支机构有法人书面授权的，可以在授权范围内提供保证。

十三、什么是一般保证?

当事人在合同中约定，当债务人不能履行债务时，由保证人承担保证责任，为一般保证。

一般保证是指与主债务并无连带关系的保证债务。一般保证具有补充性，当债权人未就主债务人的财产先为执行并且无效果之前，便要求保证人履行保证义务时，保证人有权拒绝。因此，在一般保证中，保证人仅在债务人的财产不足以完全清偿债权的情况下，才负保证责任。

十四、什么是连带保证?

连带保证是指当事人约定由保证人与债务人对债务承担连带责任的一种保证方式。

1. 作为保证方式的一种，当事人应当在保证合同中明确约定连带责任保证方式，但我国《担保法》规定，如果保证人与保证权人对连带责任保证和一般保证没有作出约定或者约定不明确的，推定为连带责任保证。

2. 由保证人与主债务人对主合同债务承担连带责任。也就是说，保证人与主债务人对主合同债务均负有全部清偿的责任。

3. 在连带责任保证的情况下，一旦主债务人到期不履行主合同债务，债权人既可以要求主债务人清偿债务，也可以要求保证人承担保证责任。

十五、一般保证中，先诉抗辩权不得行使的情况有哪些？

先诉抗辩权在以下情况之下不得行使：（1）债务人住所变更，致使债权人要求其履行债务发生重大困难；（2）人民法院受理债务人破产案件，中止执行程序；（3）保证人以书面形式放弃上述权利。

十六、主合同变更，是否影响保证人责任？

依据《担保法》的规定，债权人与债务人协议变更主合同的，应当取得保证人的书面同意，未经保证人书面同意的，保证人不再承担担保责任。

《担保法司法解释》规定：

第一，在保证期间，债权人与债务人协商对主合同数量、价款、币种、利率、履行方式、履行地点作出变更的，如果变更减轻了债务人的责任，保证人在减轻后的债务范围内承担保证责任；如果变更加重了债务人的责任，保证人对加重的部分免于承担保证责任，但原保证范围内的责任保证人不能免除。

第二，债权人与债务人协商延长合同履行期，没有经过保证人同意的，保证责任的计算，仍然应当以原合同约定的或者法律规定的期间为准。所谓以法律规定的期间为准指未约定保证期间的保证合同，在适用担保法的前提下，可以按照担保法规定的六个月确定保证期间。

第三，债权人与债务人协议变更主合同，但并未实际发生变更主合同后果的，保证人仍应承担保证责任。

十七、民间借贷可以约定利息吗?

民间借贷可以是有息借款也可以是无息借款，是否有利息由借贷双方约定。没有约定视为没有利息。

民间借贷利息纠纷可以参照《合同法》的明确规定：

第一，根据诚实信用原则，借贷双方对于利息问题在借款合同中没有约定的，在一定程度上具有无偿借贷的性质。债务人在借款期限届满之前偿还或者在未约定还款期限时，并且在债权人要求还款时，在合理期限内还款的，不支付利息。

第二，借贷双方约定了利率标准后又发生争议的，可以在最高不超过月利息 2% 的标准内确定其利率标准，对超出部分的利息法律不予支持。月利息在 2%~3% 的利息期间，已偿还的不予返还，月利息超过 3% 的部分，可以要求折抵入本金。

第三，《关于人民法院审理借贷案件的若干意见》中明确规定，出借人不得将利息计入本金计算复利，否则不受法律保护。这条规定在司法实践中具备一定的惩罚性，如果违反了该规定，有可能被法院判定按照月利息 2% 支付利息，那么，你当初约定的违约金，本来可以主张要回的也可能要不回了。

第四，当事人因借贷外币、台币等发生纠纷的，出借人要求以同类货币偿还的，可以准许。借款人确无同类货币的，可以参照偿还时的外汇牌价折合人民币偿还。出借人要求支付利息的，可以参照中国银行的外币储蓄利率计息。

十八、民间借贷的诉讼时效是多长?

1. 如果明确约定了还款时间的，则在还款到期次日二年(新颁布的民法通则将 2017 年 10 月 1 日前未满两年的延长为三年，已满二年的不再延长，下同)之内如果没有向对方主张权利的，则超过了诉讼时效，失去了法律上的胜诉权。

2. 对于定期还款的民间借贷，债务人在约定期限届满后未履行债务而出具没有还款日期的欠款条，应当认定诉讼时效中断，从收到欠款条的第二天开始重新计算诉讼时效。

3. 对于不定期还款的民间借贷，也就是没有写明还款日期的民间借贷，不受诉讼时效规定的限制，但是受最长二十年保护期的限制。

4. 对于不定期的民间借贷，如果借款人明确表示拒绝还款的（当然由借款人举证证明其已经明确表示不予还款），则从借款人明确表示拒绝还款之日起适用诉讼时效期间。

5. 对于超过诉讼时效期间的民间借贷，当事人双方就原债务达成还款协议，或者借款人在催款通知单上签章，就视为对原债务的重新确认，该债权债务关系应受法律保护。

我国《民法通则》第一百三十五条规定："向人民法院请求保护民事权利的诉讼时效为二年，法律另有规定的除外。"第一百三十七条规定："诉讼时效期从知道或者应当知道权利被侵害时起计算。但是，从权利被侵害之日起超过二十年的，人民法院不予保护。有特殊情况的，人民法院可以延长诉讼时效期。"第一百四十条规定："诉讼时效因提起诉讼、当事人一方提出要求或者同意履行义务而中断。从中断时起，诉讼时效期重新计算。"根据这些规定，对未约定还款期限的，其诉讼时效应按以下几种情况分别计算：

第一，对于没有约定履行期限的关系，按照《民法通则》第八十八条的规定："履行期限不明确的，债务人可以随时向人履行义务，债权人也可以随时要求债务人履行义务，但应当给对方必要的准备时间。"因而其普通诉讼时效从权利人主张权利而义务人拒绝履行义务之日起计算，但如果债权人未曾主张债权，就不能开始计算诉讼时效。

第二，诉讼时效因权利人主张债权或者义务人同意履行义务而中断后，权利人在新的诉讼时效时间内，再次主张权利或者义务人再次同意履行义务的，可以认定为诉讼时效再次中断。从再次中断时起，诉讼时效期要再次重新计算，且诉讼时效中断不受次数的限制，但主张诉讼时效中断，必须有足够的证据证明。

第三，债权人若一直没有主张权利，则适用最长诉讼时效期，从债权债务关系发生之日起计算二十年，超过二十年的，人民法院不再予以保护。

十九、民间借贷的举证责任怎样分配的?

（一）关于债权人的举证责任

最高人民法院《关于民事诉讼证据的若干规定》第五条规定："在合同纠纷中，主张合同关系成立并生效的一方当事人对合同订立和生效的事实承担举证责任；主张合同关系变更、解除、终止、撤销的一方当事人对引起合同关系变动的事实承担举证责任。对合同是否履行发生争议的，由负有履行义务的当事人承担举证责任。"也就是说，民间借贷关系发生后，首先应当确认借贷关系是否成立、是否有效。原告作为债权人行使债权请求权，主张合同权利的发生，应对双方之间存在借贷关系以及出借方已将借款提供给借款人负有举证责任。在民间借贷案件中，借据是最常见的诉讼证据。借据实际上就是借款协议，既能够证明案件真实情况，又能够反映债权债务关系的存在。有些借据虽然记载内容不完整，但只要借款的主体和数额是明确的，能够证明案件真实情况，反映债权债务关系的存在即可成为诉讼证据。根据《证据规则》第二条第二款规定，若原告未能完成举证义务，应承担对己不利的后果。

（二）关于债务人的举证责任

实践中，针对债权人的诉讼请求，债务人抗辩主要有以下几方面：一是债务人针对债权人提供证据本身的合法性、客观性提出抗辩，此时债务人应当提供针对债权人所提交的证据的反驳证据。二是债务人主张债权人的权利受到妨害或制约，或者已经消灭，其应该就权利受到妨害、制约或权利消灭的法律事由负有举证责任。三是债务人提供证据证明债权人所主张的双方存有债权债务关系的事实并不存在。对此，债权人可通过补充证据来加以证明，若债务人没有上述主张，则债权人不再承担其他举证责任。

二十、在自己家宅基地下挖到的财物归谁?

我国《民法通则》规定："所有人不明的埋藏物、隐藏物，归国家所有。”《最高人民法院关于贯彻执行〈民法通则〉若干问题的意见》第九十三条规定：“公民、法人对于挖掘、发现的埋藏物、隐藏物，如果能够证明属其所有，而且根据现行的法律、政策又可以归其所有的，应当予以保护。”根据上述规定，在宅基地下挖到的财物属于埋藏物，埋藏物应归其原来的所有者或国家所有。所以作为发现者，并不一定能享有其所有权。

二十一、土地承包的期限是怎样规定的?

耕地的承包期为三十年。草地的承包期为三十年至五十年。林地的承包期为三十年至七十年；特殊林木的林地承包期，经国务院林业行政主管部门批准可以延长。

二十二、签订合同时要注意哪些问题?

（一）签约对象的主体资格。

当前，经营单位的性质、种类比较复杂，有关部门的管理不到位现象比较普遍。在此情况下，为防范欺诈行为，减少交易风险，非常有必要考虑交易对方的主体资格、履行合同能力、信用情况等。主体资格方面应当查看一下对方的营业执照和企业参加年检的证明资料。

（二）合同条款的对等性。

合同是当事人之间设立、变更、终止权利义务的协议，合同法明确规定当事人应当遵循公平原则确定各方的权利义务，合同条款的对等性是公平原则的重要内容。不要签义务多、责任重、权利少这类“一边倒”的合同，例如，合同只规定我方违约要如何处理而无对方违约如何处理的内容。

（三）合同条款的明确性。

合同是当事人的交易准则，其根本要求是实用，合同的用词用语不需要华丽、完美，但是一定要明确，简单明了，避免毫无意义的空话，同时合同条款之间不能出现矛盾。合同条款的明确性是指用词用语要到达当事人无须再进一步协商的程度。

（四）分清“定金”与“订金”。

“定金”是债的一种担保方式，《合同法》规定当事人可以依照《中华人民共和国担保法》约定一方向对方给付定金作为债权的担保。债务人履行债务后，定金应当抵作价款或者收回。给付定金的一方不履行约定的债务的，无权要求返还定金；收受定金的一方不履行约定的债务的，应当双倍返还定金。可见定金具有惩罚性，在合同法上称为定金罚则，而“订金”在法律上被认定为预付款。

（五）合同履行过程中发生纠纷的处理方式。

1. 可在法律规定的范围内约定管辖的法院（可以约定的范围为：被告住所地、合同履行地、合同签订地、原告住所地、标的物所在地）。

2. 如果合同各方约定仲裁事项时，应当明确所选的仲裁委员会，注明仲裁机构的具体名称。如果没有写具体名称，发生纠纷后只能由当事人协商签订补充协议予以明确，协商不成原仲裁协议或合同仲裁条款无效。

（六）签字盖章应同时具备以下条件。

《合同法》规定当事人采取合同书形式订立合同的，自双方当事人签字或者盖章时合同成立。签字盖章对合同具有重要意义，企业之间签合同时，往往是由各自的代理人（经办人）完成的，在这种情况下，应当有经办人的签字和单位的印章，这样可以避免一些不必要的纠纷。如有的单位以合同未加盖本单位公章为由，否认经办人签名的效力；有的则以单位印章丢失、被盗等理由依靠地方保护主义通过立刑事案件来摆脱责任。为了不给这些人以可乘之机，订立合同时应当经办人签名和单位印章同时具备。

二十三、项目分包合同有什么特殊要求？

企业的有些项目是从其他承包商那里分包而来的，此类合同涉及一个重要的问题是发包方是否允许承包商对项目进行分包或转包，通常的情况是发包方禁止项目转包和分包或者规定未经发包方同意，承包商不得将项目转包或分包给第三方。根据《合同法》的规定，转包、分包都要经过发包方的同意，否则转包或发包行为无效。对工程项目进行转包或分包的承包商往往对分包方隐瞒了原合同的规定，对此应当直接向承包商提出此问题并要求其征得发包方同意将工程转包或分包给我方。

二十四、什么是附条件的合同?

附条件合同，是指当事人在合同中特别规定一定的条件，以条件是否成就来决定合同效力的发生或消灭的合同。《中华人民共和国合同法》第四十五条规定："当事人对合同的效力可以约定附条件。附生效条件的合同，自条件成就时生效。附解除条件的合同，自条件成就时失效。当事人为自己的利益不正当地阻止条件成就的，视为条件已成就；不正当地促成条件成就的，视为条件不成就。"

二十五、附条件合同对所附的条件有什么要求?

1. 所附条件是由双方当事人约定的，并且作为合同的一个条款列入合同中。

2. 条件是将来可能发生的事实。过去的、现存的事实或者将来必定发生的事实或者必定不能发生的事实不能作为所附条件。

3. 所附条件是当事人用来限制合同法律效力的附属意思表示。所以，附条件合同的所附条件只是合同的附属内容。

4. 所附条件必须是合法的事实。违法的事实不能作为条件，如双方当事人不能约定某人杀死某人作为合同生效的条件。

二十六、合同无效的情形有哪些?

有下列情形之一的，合同无效：

1. 一方以欺诈、胁迫的手段订立合同，损害国家利益。

2. 恶意串通，损害国家、集体或者第三人利益。

3. 以合法形式掩盖非法目的。

4. 损害社会公共利益。

5. 违反法律、行政法规的强制性规定。

二十七、遭受人身损害可以获得赔偿的项目有哪些？

根据《最高人民法院关于审理人身损害赔偿案件适用法律若干问题的解释》规定，受害人遭受人身损害，因就医治疗支出的各项费用以及因误工减少的收入，包括医疗费、误工费、护理费、交通费、住宿费、住院伙食补助费、必要的营养费，赔偿义务人应当予以赔偿。

受害人因伤致残的，其因增加生活上需要所支出的必要费用以及因丧失劳动能力导致的收入损失，包括残疾赔偿金、残疾辅助器具费、被扶养人生活费以及因康复护理、继续治疗实际发生的必要的康复费、护理费、后续治疗费，赔偿义务人也应当予以赔偿。

受害人死亡的，赔偿义务人除应当根据抢救治疗情况赔偿本条第一款规定的相关费用外，还应当赔偿丧葬费、被扶养人生活费、死亡补偿费以及受害人亲属办理丧葬事宜支出的交通费、住宿费和误工损失等其他合理费用。

二十八、人身损害各项赔偿怎么计算？

根据《最高人民法院关于审理人身损害赔偿案件适用法律若干问题的解释》规定。

1. 医疗费：根据医疗机构出具的医药费、住院费等收款凭证，结合病历和诊断证明等相关证据确定。赔偿义务人对治疗的必要性和合理性有异议的，应当承担相应的举证责任。

医疗费的赔偿数额，按照一审法庭辩论终结前实际发生的数额确定。器官功能恢复训练所必要的康复费、适当的整容费以及其他后续治疗费，赔偿权利人可以待实际发生后另行起诉。但根据医疗证明或者鉴定结论确定必然发生的费用，可以与已经发生的医疗费一并予以赔偿。

2. 误工费：根据受害人的误工时间和收入状况确定。其中，误工时间根据受害人接受治疗的医疗机构出具的证明确定。受害人因伤致残持续误工的，误工时间可以计算至定残日前一天。

受害人有固定收入的，误工费按照实际减少的收入计算。受害人无固定收入的，按照其最近三年的平均收入计算；受害人不能举证证明其最近三年的平均收入状况的，可以参照受诉法院所在地相同或者相近行业上一年度职工的平均工资计算。

3. 护理费：根据护理人员的收入状况和护理人数、护理期限确定。

护理人员有收入的，参照误工费的规定计算；护理人员没有收入或者雇佣护工的，参照当地护工从事同等级别护理的劳务报酬标准计算。护理人员原则上为一人，但医疗机构或者鉴定机构有明确意见的，可以参照确定护理人员人数。

护理期限应计算至受害人恢复生活自理能力时止。受害人因残疾不能恢复生活自理能力的，可以根据其年龄、健康状况等因素确定合理的护理期限，但最长不超过二十年。

受害人定残后的护理，应当根据其护理依赖程度并结合配制残疾辅助器具的情况确定护理级别。

4. 交通费：根据受害人及其必要的陪护人员因就医或者转院治疗实际发生的费用计算。交通费应当以正式票据为凭；有关凭据应当与就医地点、时间、人数、次数相符合。

5. 住院伙食补助费：可以参照当地国家机关一般工作人员的出差伙食补助标准予以确定。

受害人确有必要到外地治疗，因客观原因不能住院，受害人本人及其陪护人员实际发生的住宿费和伙食费，其合理部分应予赔偿。

6. 营养费：根据受害人伤残情况参照医疗机构的意见确定。

7. 残疾赔偿金：根据受害人丧失劳动能力程度或者伤残等级，按照受诉法院所在地上一年度城镇居民人均可支配收入或者农村居民人均纯收入标准，自定残之日起按二十年计算。但六十周岁以上的，年龄每增加一岁减少一年；七十五周岁以上的，按五年计算。

受害人因伤致残但实际收入没有减少，或者伤残等级较轻但造成职业妨害严重影响其劳动就业的，可以对残疾赔偿金做相应调整。

8. 残疾辅助器具费：按照普通适用器具的合理费用标准计算。伤情有特殊需要的，可以参照辅助器具配制机构的意见确定相应的合理费用标准。

辅助器具的更换周期和赔偿期限参照配制机构的意见确定。

9. 丧葬费：按照受诉法院所在地上一年度职工月平均工资标准，以六个月总额计算。

10. 被扶养人生活费：根据扶养人丧失劳动能力程度，按照受诉法院所在地上一年度城镇居民人均消费性支出和农村居民人均年生活消费支出标准计算。被扶养人为未成年人的，计算至十八周岁；被扶养人无劳动能力又无其他生活来源的，计算二十年。但六十周岁以上的，年龄每增加一岁减少一年；七十五周岁以上的，按五年计算。

被扶养人是指受害人依法应当承担扶养义务的未成年人或者丧失劳动能力又无其他生活来源的成年近亲属。被扶养人还有其他扶养人的，赔偿义务人只赔偿受害人依法应当负担的部分。被扶养人有数人的，年赔偿总额累计不超过上一年度城镇居民人均消费性支出额或者农村居民人均年生活消费支出额。

11. 死亡赔偿金：按照受诉法院所在地上一年度城镇居民人均可支配收入或者农村居民人均纯收入标准，按二十年计算。但六十周岁以上的，年龄每增加一岁减少一年；七十五周岁以上的，按五年计算。

二十九、具备什么样的条件才可以收养孩子？

收养人应当同时具备下列条件：

1. 无子女。这里的收养人无子女是指夫妻双方或者一方因不愿生育或不能生育而无子女，或者是因所生子女死亡而失去了子女，或者是指收养人因无配偶而没有子女的情况。

2. 有抚养教育被收养人的能力。为了保证被抚养人的健康成长，对收养人抚养、教育能力的要求包括：

（1）收养人应具有良好的思想道德品质。

（2）收养人有保证被抚养人健康成长的物质条件。

3. 未患有在医学上认为不应当收养子女的疾病。

4. 年满三十周岁。

另外还规定：

1. 有配偶者收养子女，必须夫妻双方共同抚养。法律这样规定的目的是为了保证被抚养人能在一个和睦、温暖的家庭环境中健康成长，以免因夫妻单方收养而造成另一方不收养接纳孩子，进而影响到夫妻感情的和睦，影响到养子女的身心健康。

2. 收养人只能收养一名子女。

三十、可以被收养的范围？

被收养人应当是不满十四周岁的未成年人。但特殊情况下，如在收养三代以内同辈旁系血亲的子女或者继父或继母收养继子女等情况下，被收养人可以不受这方面的限制。

不满十四周岁的未成年人应具备下列三种情况之一：

1. 丧失父母的孤儿。

2. 查找不到生父母的弃婴和儿童，即被其父母遗弃的初生儿和其他不满十四周岁的儿童。

3. 生父母有特殊困难无力抚养的子女。所谓有“特殊困难”，是指父母因身体健康方面的原因或者因经济方面的原因，遭遇到特殊的困难，丧失了抚养子女的能力，致使其未成年子女陷于得不到其生父母抚养的境地。

三十一、收养关系的成立和解除？

（一）收养关系的成立。

收养应当向县级以上人民政府民政部门登记。收养关系自登记之日起成立。养父母与养子女间的权利义务关系，适用法律关于父母子女关系的规定；养子女与养父母的近亲属间的权利义务关系，适用法律关于子女与父母的近亲属关系的规定。

（二）收养关系的解除。

1. 收养人在被收养人成年以前，不得解除收养关系，但收养人、送养人双方协议解除的除外，养子女年满十周岁以上的，应当征得本人同意。

2. 当事人协议解除收养关系的，应当到民政部门办理解除收养关系的登记。

三十二、服刑人员刑满释放后的养老保险怎么处理？

服刑前已参加基本养老保险的实际缴费年限和服刑后参保的养老保险实际缴费年限合并计算并予以认可，只要符合养老金领取条件（到达法定退休年龄且缴费年限满十五年），可以办理领取养老金手续，按月享受养老金待遇。

原在行政事业单位的人员，如果没有参加养老保险，出狱以后，如果是城镇户籍男不满六十、女不满五十，仍然可以参加基本养老保险，只是缴费年限必须从参保之日开始计算（以前在行政事业单位的工作年限将不能作为视同缴费年限予以认可），如果到达法定退休休年龄，且缴费年限满十五年也可以办理领取养老金手续，按月享受养老金待遇。

三十三、监狱服刑人员服刑前缴纳社会保险，服刑期间年满退休年龄可否享受养老保险？

社保可以认定实际缴费年限，如果实际缴费年限能满足十五年以上，以后到法定退休年龄是可以申请办理退休的。视同缴费年限是不认定的，服刑期间也不能缴纳或出狱后补缴社保。

三十四、在社保领取养老金的人被判刑后，服刑期间养老金是否可以继续领取？

已领取养老保险待遇的企业离退休人员被判处拘役、有期徒刑及以上刑罚的，服刑期间不享受基本养老保险待遇，期满后可以继续享受基本养老保险待遇。基本养老金按服刑或劳动教养前确定的标准发放，并参加以后的基本养老金调整。离退休人员被判处缓刑期间，可以享受基本养老保险待遇，但不参与基本养老金调整。

第八章

聘请律师需要注意的问题

一、为什么要聘请律师?

刑事案件首先想到的是辩护律师，但实践中，没请律师的当事人有的是因为家庭条件一般，不愿付出律师费；有的认为律师起作用不大；有的则寄希望于人情，在办案部门花钱找关系。其实，这些观点和做法均有偏颇之处，在刑事案件中，辩护律师有着不可替代的作用。刑事案件是办案机关代表国家公权力在追究当事人的刑事责任，平时再一诺千金，此时也会茫然，变得渺小，尤其是被采取拘留、逮捕的强制措施后，与家人、外界失去了联系，往往使自己陷入被动、不利的境地。实践中，有的当事人受不住精神压力所做笔录不是自己真实意思；有的出于哥们儿朋友情义往自己身上揽责；有的被陷害，等等。辩护律师的宗旨是为了维护当事人的合法利益。刑事案件是一个过程，在这个过程的不同阶段，律师可以为当事人提供无罪、罪轻、证据等方面的辩护。根据法律规定，办案部门有义务听取律师的意见，如律师形成了书面的法律意见书，该法律意见书必须附卷，随卷一同移送。有的案件在侦查阶段由于律师出具的意见书而撤案，有的案件由于律师的作用而没有批捕，有的没有提起公诉，有的变更为更轻的罪名，有的降低了犯罪数额，有的减轻了刑罚，等等。聘请律师的案件 80% 以上从轻、减轻了处罚，在控与辩的平衡过程中，辩护律师无疑是辩方不可或缺的筹码。

二、辩护律师刑事诉讼各阶段的工作有哪些？

（一）侦查阶段。

此时，犯罪嫌疑人一般在押，侦查机关（大多刑事案件是公安机关，毒品案件等禁毒机关也属公安系统，贪污贿赂等职务犯罪是检察院，走私犯罪等属海关缉私部门管辖）正常情况下会给家属通知书、刑拘通知、逮捕通知等，通知书上会载明涉嫌罪名、羁押地点、办案机关比如某某公安局。这些通知书至关重要，一定要保存好并拿给律师。律师会根据这些信息对案件有个初步判断，并据此联系办案机关办理辩护手续。与律师交流案件情况时，不要期望律师会打包票，谨慎的律师在会见犯罪嫌疑人之前一般不愿多谈案件，只会简略地告诉亲属法律的一般规定。

当决定委托律师作为辩护律师时，须要和律师签署《委托协议》并《授权委托书》等文件。签署文件之前亲属应当备妥户口本或结婚证、身份证等能够证明亲属关系的文件，交律师检验并复制存档。需要注意的一点是，委托的亲属一般应是犯罪嫌疑人的近亲属，即配偶、父母、子女、同胞兄弟姐妹等。

协议签署后，律师的工作就开始了。该阶段，除了律师和办案人员以外，包括家属在内其他人员均不得会见犯罪嫌疑人。律师在侦查阶段介入案情为犯罪嫌疑人提供帮助，能为犯罪嫌疑人提供如下帮助：

（1）为犯罪嫌疑人提供法律咨询。

（2）了解案件的实情。

（3）申请取保候审。

（4）代为申诉控告。

律师会见犯罪嫌疑人时，犯罪嫌疑人可以及时把自己所受到的不公正的审讯向律师陈述，律师可以依据犯罪嫌疑人的陈述对相关责任人进行控告，从而有效地监督办案人员的审讯行为，使他们不能在对犯罪嫌疑人违法审讯，而且控告一旦成立，原来的口供就有可能由于违法取证而完全失去效力。

律师可以会见犯罪嫌疑人，通报家属的关切，缓解犯罪嫌疑人的焦灼情绪，给予心理安慰，这对犯罪嫌疑人来说是巨大的精神支柱。律师在侦查阶段可以根据案情帮助犯罪嫌疑人申请取保候审，从而很好地化解危机。

此一阶段到侦查机关将案件移送检察机关审查为止，当然，如果在此间律师发现犯罪嫌疑人不构成犯罪，会即时和侦查机关沟通，如被采纳，侦查机关也会撤销案件，这样，嫌疑人就会立即释放，案件就此终止。

这一阶段容易被忽视，很多人以为侦查阶段辩护律师的作用较小，这完全是一种误解。律师的介入，嫌疑人的权益得到了应有的保障。

（二）审查起诉阶段。

一般是指案件已经侦查完毕移交到检察院起诉机关始，到检察院起诉机关起诉到法院为止。这个阶段，犯罪嫌疑人家属等案外人员仍然只能通过律师才能见到犯罪嫌疑人。如果在侦查阶段没有聘请辩护律师，此时需要聘请律师，须要持有前述的通知书和起诉意见书（如有），并各类证明身份关系的证件，和律师签署协议，在此不再赘述。

律师在审查起诉阶段可以做如下工作：

1. 会见犯罪嫌疑人，为犯罪嫌疑人提供上述在侦查阶段的帮助，比如取保候审等。

2. 律师可以从检察院审查机关更深入地了解相关案情，包括阅读或复印涉案的鉴定技术材料、起诉意见书等；如果案件确实存在较大的问题，律师可以全面地向检察机关提出建议，建议退回侦查机关做补充侦查。这样就可以尽最大的可能避免错案的发生。

3. 律师可以就了解到的案情向检察机关提出犯罪嫌疑人无罪、罪轻和此罪与彼罪的辩护意见；如果检察机关采纳了律师的意见，可能导致案件被发回补充侦查或者不予起诉。不予起诉就是犯罪嫌疑人被提前无罪释放。

4. 即使达不到上述目的，律师在审查起诉阶段与审查起诉人员交流对案情的看法，可以了解公诉人的指控思路，为庭审辩护做更充分的准备。

审查起诉阶段十分重要，律师和检察官的沟通，可以有效扭转检察官仅靠侦查机关的一面之词对嫌疑人的不理方面，为嫌疑人获得从宽处理创造和积累有利条件。

（三）审判阶段。

检察院审查起诉，认为案件符合起诉条件，就会将案件起诉到法院。典型的审判阶段就是移送起诉到一审宣判结束。如果一审判决后，检察院抗诉或被告人上诉，则进入二审阶段。如果是死刑案件，还会有死刑复核程序。这些情形都属于审判阶段。

这一阶段非常重要，也是整个案件将要水落石出的时候。如果在侦查、审查起诉前两个阶段没有聘请辩护律师，这一阶段聘请律师则尤有必要性。但应当注意的是，此时聘请律师要尽快赶时间，拖延不得，因为我国法院审判任务非常之重，在检察院起诉后一般都会很快安排开庭审判。加之很多刑事案件案卷材料繁多，阅卷任务繁重，有可能还要调查取证等，如果委托太晚，势必影响辩护的质量。此时委托辩护律师，需要持有前述的通知书、起诉意见书和起诉书等，并各类证明身份关系的证件，和律师签署协议，参见前述。

在一审阶段，辩护律师的工作主要表现在以下方面：

1. 会见犯罪嫌疑人，了解被告人罪轻或者无罪的证据线索，为被告人收集罪轻或者无罪的证据。

2. 会见主审法官，调阅、复制指控被告人有罪的案卷材料。

3. 会见被告人，就律师初步形成的辩护观点与被告人交换意见。

4. 参加庭审，律师将根据事实、证据法律提出被告人无罪、最轻，综合各因素写出辩护词，供法官充分考虑自己的辩护意见。

5. 宣判后即时会见被告人，如果被告人对一审判决不服，欲提起上诉的，律师会积极准备上诉的各种材料。

涉及二审或死刑复核的辩护，可部分参考一审的情形处理，但均有其特有的侧重点，在此不再赘述。

三、刑事申诉阶段律师的工作内容

在申诉阶段，代理律师的工作主要表现在以下方面：

1. 会见申述人，研究生效判决，了解服刑人员原判决是否存在认定事实或适用法律错误的情况，为被告人收集相关新证据。

2. 撰写《刑事申诉状》，就律师形成的申诉观点与申诉人交换意见。

3. 会见申诉案件审查法官，交换案件意见。

4. 参与申诉案件的所有程序，领取相关法律文书。

四、如何选择合适的辩护律师？

1. 专业刑辩律师应为首选。律师职业与医生职业有许多相似之处，人的精力是有限的，一名好的医生一定是在某一医疗领域的专业医生，比如是心血管专家、眼科专家、脑外科专家等。好的律师也一样，一定是在某一法律部门长期潜行钻研的人。尤其是刑事辩护律师，不仅要熟知繁杂并不断变化的刑事法律规定，还要熟悉公检法机关的办案流程，所以长期积累起来的专业素质很重要。

2. 要选择有一定办案经验的律师。律师行业的操作性很强，书本上的东西往往难以直接用于司法实践，一般需要在经历一些案件消化后才能够得心应手，只有不断总结经验教训，在刑事法律事务方面积极进取，才能逐渐取得良好的办案效果。对于独立承办刑事辩护案件的律师，一般应当执业五年以上，或者承办过五十件以上刑事辩护案件。

3. 要选择具有一定相关知识的律师为佳。刑辩律师行业也有进一步细化的趋势，因为不同类型的犯罪案件还需要许多刑法以外的专业知识，如果律师对这些知识陌生，也会影响辩护效果。比如，自己都不会上网的律师就难以承办好计算机或网络方面的犯罪案件；对财务知识不了解，就难以承办好许多经济犯罪案件，等等。

五、聘请律师应该注意什么？

1. 不要去黑律师场所选律师，谨防上当。正规的律师事务所都是有自己字号并经过登记注册，依法设立的，在事务所内固定悬挂有《律师事务所执业许可证》，也可以上网查证。比如，在各看守所、法院、检察院门口总有许多“黑”律师事务所，这些地方最好不进。这里的“律师事务所”没有任何字号，“律师”“刑辩律师”“律师事务所”的广告牌子林立，司法行政机关屡禁不止。这里边很少有正式的执业律师，因为律师是被禁止在事务所以外设立办公场所的。这里的所谓的张律师、李律师、王律师……有的是乘人之危的骗子，收了钱就找不到人了；有的是专为缺少案源的律师拉案子而从中赚取介绍费的，即使最后委托了真律师为你服务，无疑你要多付出无意义的部分费用。

2. 不要找声称“保证能打赢官司”的律师。“包打赢”与“包治百病”的江湖骗子无异，即使他是真的执业律师，往往也是法律素质较差的律师，他的话是不可信的。

3. 不要依靠律师帮忙找关系。无论律师与司法界有多深的关系，都不可能在明确的法律规定和事实证据面前作出违法的裁判。即使一时依靠干扰司法侥幸逃避了法律的制裁，也可能随时被发现，为了钱财铤而走险的法官被追究了责任，你的案子也会被翻出来从重处理，害人害己。我国刑事司法改革主要是围绕辩护作用发挥展开的，律师的有效辩护才是真正能够靠得住的。

4. 不能背着律师事务所与律师个人签订合同，也不要采取风险代理。聘请律师交费一定要索要事务所的发票，签订正式合同。风险代理就是聘请律师先办案，再根据胜诉情况支付律师费，这种做法是不合法的。重庆案报道中就指出存在风险代理、案外收费的违法行为。

5. 刑事辩护律师的收费水平不一，不要走“越是大律师越好”或是“收费越低越好”两个极端，应当量力而行。刑事法律制度背后有很深的理论基础，不同的人理解会有所不同。不同犯罪案件的动因、经过、后果也都有所不同，不同的角度观察有时会得出不同的认识，从而影响定罪和量刑。一名资深的专业刑辩律师，由于有大量的办案经验的积累，平时又能够注重刑法理论的研究并取得一定的学术成果，案件辩护的切入往往会恰到好处，有时会起到“化腐朽为神奇”的作用，业内有时称之为“刑辩专家”或者称之为“刑辩大律师”，然而收费一般在几十万元至上百万元。然而，这样的律师毕竟为数不多，但在公开报道的大要案中上镜率极高。根据我们目前的律师收费水平，按照前边介绍的选择刑辩律师的方法，一个刑事辩护案件，律师有能力较好地完成辩护任务，一般需要支付二万元至五万元的律师费即可。一味地追求低收费，有时会影响到办案效果。

六、我花钱请律师，律师就得听我的吗?

律师辩护有独立的地位，律师接受委托后，无正当理由的，不得拒绝辩护或者代理，但委托事项违法，委托人利用律师提供的服务从事违法活动或者委托人隐瞒事实的，律师有权拒绝辩护或者代理。根据《刑事诉讼法》第四十二条规定，辩护律师不得帮助犯罪嫌疑人和被告人隐匿、毁灭、伪造证据或者串供，不得威胁、引诱证人改变证言或者作伪证以及进行其他干扰司法机关诉讼活动的行为。违反前款规定的，应当依法追究法律责任。因此，辩护律师不会一味地满足当事人的要求。

七、律师请了白请吗?

一些犯罪嫌疑人家属认为，既然事儿都出了，判不判、怎么判是司法机关的事，请律师也起不了多大作用。其实，有许多案件由于律师的介入，从法律的角度与司法人员探讨沟通，当事人的权益得到了更好的维护。有的案子在侦查阶段就结案了，有的到了检察院不予起诉，有的在法院被宣告无罪。

聘请律师辩护与聘请普通公民辩护主要有两方面的区别：第一，律师在刑事诉讼中享有一些其他辩护人没有的权利，如会见在押的犯罪嫌疑人、被告人，查阅本案的卷宗材料，向证人调查取证等，而非律师的辩护人不享有这些权利；第二，作为专业人士，律师的法律专业水平、诉讼技巧一般要高于非专业的辩护人。因此，刑事案件委托律师代为辩护，更有利于维护犯罪嫌疑人、被告人的合法权益。

八、律师能保证获得轻判吗?

刑事案件的量刑是要根据犯罪嫌疑人犯罪的社会危害性和人身危害性、主犯、从犯、是否有立功情节等因素来判定的，所有的情节都需要有相应证据证明。但律师会提出证明犯罪嫌疑人和被告人无罪、罪轻或者减轻、免除其刑事责任的材料和意见，最大限度地从量刑上帮助犯罪嫌疑人、被告人。

九、应该如何配合律师办理案件?

最好的配合就是信任律师，千万不要向律师隐瞒对自己不利的事实，这样做会误导并严重影响律师的调查，从而失去原本有利的机会；不要反复催促律师去做一些无谓的工作；及时了解律师的工作情况和事情进展，并随时和律师沟通，提出想法及要求；律师安排当事人自己办的事情，要及早完成。

第九章

刑事辩护案例精选

一、毒品类犯罪

案例一

案情简介：

被告人宋某某、田某某因涉嫌走私、运输毒品罪，于2009年2月9日被澜沧县公安局刑事拘留，2009年3月12日，澜沧县人民检察院批准逮捕。经澜沧县边防大队侦查终结，由澜沧县人民检察院移送至普洱市人民检察院审查起诉。

普洱市人民检察院查明：2009年2月初，被告人宋某某、田某某商量运输毒品事宜，商定由被告人田某某从缅甸将毒品运至澜沧县境内的糯扎渡电站交给被告人宋某某。2009年2月8日，被告人田某某携带毒品从缅甸经澜沧县雪林乡徒步入境前往澜沧，当日19时许，被告人田某某行至距雪林公安边防检查站400米处雪林公路上时，被云南省雪林边境检查站边防武警查获，边防武警当场从被告人田某某背的背包内查获毒品海洛因1包，净重5600克。2009年2月9日13时，在被告人田某某协助下，边防武警在澜沧县茂林宾馆103房间将被告人宋某某抓获。

普洱市检察院认为，被告人宋某某、田某某违反我国对毒品的特殊管制，非法走私、运输毒品的行为，已触犯《中华人民共和国刑法》，应以走私、运输毒品罪追究二被告人刑事责任。被告人宋某某系累犯，具有从重处罚情节。遂向普洱市中级人民法院提起公诉。

一审法院判决：

一审法院认为，被告人宋某某、田某某为牟取非法利益，违反国家对毒品的特殊管制，明知是毒品还从境外运输入境的行为，已构成走私、运输毒品罪。公诉机关指控的事实清楚，证据确实、充分，定罪准确，适用法律正确，罪名成立。被告人宋某某的辩护人提出被告人宋某某是受他人雇佣，系从犯，毒品未流入社会，没有造成社会危害的辩护理由。与查明的事实和法律规定不符，辩护理由不能成立，其他辩护意见异议采纳。被告人田某某的辩护人提出田某某具有立功表现，系初犯，偶犯，认罪态度好，请求给予从轻处罚的辩护理由成立，予以采纳。被告人宋某某在刑罚执行完毕以后五年内又犯新罪，系累犯，应依法从重处罚。被告人田某某具有立功表现，可从轻处罚。判决：一、被告人宋某某犯走私、运输毒品罪，判处死刑，剥夺政治权利终身，并处没收个人全部财产。二、被告人田某某犯走私、运输毒品罪，判处无期徒刑，剥夺政治权利终身，并处没收个人全部财产。三、查获毒品海洛因5600克、人民币20000元、手机二部、对讲机一台，依法予以没收。

办案经过：

本案一审宣判后，宋某某对判决结果不服，其家属委托陈维镖律师担任宋某某二审期间的辩护律师。陈维镖律师在接受委托后，发现本案证据对宋某某极其不利，并且毒品数量巨大，宋某某又属于累犯，二审改判的希望非常渺茫，宋某某的生死只在一念之间。但陈维镖律师毅然顶住压力，在难以寻找到有利辩点的情况下，决定从“慎杀”“少杀”的角度出发提出辩护意见。

二审律师辩护意见：

人命关天，谨慎为上。禁毒是一场深入持久而艰巨的斗争，这是民之所盼、国之所需，是令人振奋的。以犯罪事实为依据、以法律为准绳是我国刑事法治的基本原则。罪刑法定、罪刑相适应的基本原则应当贯彻于所有刑事案件诉讼活动之中。宋某某实施了毒品犯罪，但他并不是毒品的所有者，也不是毒品的出资者，他只是贩毒分子用于运输毒品的工具，他同样是毒品犯罪的受害者，如果不是迫于生活的压力，谁也不会用自己的自由甚至是生命来实施毒品运输行为。我们应该打击毒品犯罪，但打击的对象应该是毒贩、毒枭等罪大恶极的犯罪分子，而不是那些迫于生计而参与运毒的人。禁毒斗争是持久战，不是一蹴而就的歼灭战，不能对所有的毒品罪犯一律杀之后快，这样既不符合罪刑法定的要求，也会使禁毒工作偏离法治轨道。请法院根据本案的实际情况，对宋某某刀下留情，使本案的终审判决经得起历史和时间的检验。

二审法院判决：

二审法院认为，上诉人宋某某、原审被告人田某某无视国法、非法走私毒品海洛因入境并在国内进行运输的行为已触犯国家法律，构成走私、运输毒品罪，且运输的毒品数量大，应依法予以惩处。在共同犯罪过程中，二人各自分工不同，但均起主要作用，应对各自实施的全部犯罪承担罪责。宋某某在前罪刑罚执行完毕五年以内又犯新罪，系累犯，依法应从重处罚。田某某归案后配合公安机关抓获宋某某，有重大立功表现，依法可从轻处罚。针对宋某某及其辩护人提出宋某某属受人雇佣犯罪、在共同犯罪中系初犯的意见，经查不能成立。但根据宋某某的犯罪事实、犯罪性质和犯罪情节，对其可判处死刑，无须立即执行。宋某某及其辩护人请求从轻处罚的意见予以采纳。原判定罪准确，审判程序合法，对田某某的量刑适当，但对宋某某的量刑失重。判决：一、维持云南省普洱市中级人民法院（2009）普中刑初字第297号刑事判决第一项对被告人宋某某的定罪部分、第二项对被告人田某某的定罪量刑部分、第三项对查获毒品和物品的处理部分。二、撤销云南省普洱市中级人民法院（2009）普中刑初字第297号刑事判决第一项对被告人宋某某的量刑部分。三、上诉人（原审被告人）宋某某犯走私、运输毒品罪，判处死刑，缓期二年执行，剥夺政治权利终身，并处没收个人全部财产。

案例二

案情简介：

2010年3月20日，被告人吴某甲、吴某乙（在逃）雇佣被告人李某某、赵某某（在逃）将毒品运往昆明。当日20时许，被告人李某某、赵某某携带毒品在南伞包乘牌号为云S64××× 的银白色夏利车，准备将毒品运往昆明。途经镇康县南伞镇沙坝田二级公路口时，被镇康县公安局禁毒大队民警查获，当场从二人乘坐的夏利车后备厢一黑色包内查获白色块状毒品海洛因 12 块，净重 5949 克（海洛因含量 47.5%），被告人李某某被抓获，赵某某趁机逃跑。同年 7 月 31 日，被告人吴某甲在保山市施甸县隆阳大酒店 205 号房间被抓获。

被告人吴某甲、李某某涉嫌运输毒品罪一案，由镇康县某公安局侦查终结，向镇康县人民检察院移送审查起诉。镇康县人民检察院收案后转至临沧市人民检察院审查起诉。临沧市人民检察院认为：吴某甲、李某某非法运输大量毒品海洛因的行为已触犯《中华人民共和国刑法》第三百四十七条第二款第（一）项之规定，犯罪事实清楚，证据确实充分，应当以运输毒品罪追击被告人吴某甲、李某某的刑事责任。在共同犯罪中，被告人吴某甲起主要作用，系主犯；被告人李某某在共同犯罪中起次要作用，系从犯，应当从轻或者减轻处罚。遂向临沧市中级人民法院提起公诉。

一审法院判决：

一审法院认为，被告人吴某甲、李某某非法运输毒品海洛因 5949 克的行为已构成运输毒品罪，且数量巨大，应予严惩。公诉机关指控事实及罪名成立。在共同犯罪中，吴某甲罪名成立。在共同犯罪中，吴某甲起主要作用，是主犯；李某某起次要作用，是从犯，具备法定从轻或减轻处罚情节。被告人吴某甲及其辩护人的辩解、辩护意见中，关于吴某甲替人运输毒品为从犯、存在特情引诱犯罪可能的意见，无事实与证据支持，不成立；其余辩护意见予以采纳。被告人李某某的辩护人所持的辩护意见中，对于李某某具有立功表现的意见，无事实依据，不能成立，李某某归案后向公安机关揭发同案犯的犯罪事实及提供基本信息，不构成立功，但可酌情从轻处罚；其余辩护意见成立，予以采纳。被告人吴某甲罪行严重，虽有认罪悔罪表现，但无法定从轻或减轻处罚情节，应予严惩；被告人李某某具备法定从轻、减轻及酌定从轻处罚情节，综合予以从轻处罚。判决如下：被告人吴某甲犯运输毒品罪，判处死刑，剥夺政治权利终身，并处没收个人全部财产。

办案经过：

一审法院判决后，吴某甲不服，向云南省高级人民法院提起上诉，并委托陈维镖律师作为其二审期间的辩护律师。陈维镖律师在查阅案卷材料时发现，本案存在两名在逃人员，而同案李某某将所有的责任全部推脱给吴某甲，于是结合上述情况提出了辩护意见。

二审律师辩护意见：

1. 本案属于共同犯罪，目前还有两名嫌疑人在逃，一审判决认定吴某甲是主犯的依据完全是同案李某某的供述，没有其他证据相互印证。根据《关于办理死刑案件审查判断证据若干问题的规定》的要求，对于死刑案件，不能仅凭口供定罪。因此，一审判决吴某甲死刑立即执行是错误的。

2. 本案在有其他同案嫌疑人在逃的情况下，无法查清吴某甲在共同犯罪中的犯罪地位，根据刑事案件“疑罪从无”的原则，不应片面地将吴某甲认定为主犯，应当本着有利于被告人的原则，对其按照从犯来处理。

3. 吴某甲当庭自愿认罪，并且真诚悔罪。

4. 按照法律规定，应当处以极刑的是穷凶极恶、罪大恶极、人身危险性极高的犯罪分子。而吴某甲以前从未受过刑事处罚，本次犯罪是一时糊涂才铸成大错，在归案后积极配合公安机关工作，希望法庭能够刀下留人，给其一个改过自新的机会。

二审法院判决：

二审法院认为，上诉人吴某甲、李某某无视国家法律，非法运输毒品海洛因 5949 克的行为，已触犯刑律，构成运输毒品罪，且数量巨大，依法应予以惩处。在共同犯罪中，吴某甲起主要作用，是主犯；李某某起次要作用，是从犯，可从轻处罚。原审被告人吴某甲上诉提出，不是主犯，是受他人利用。李某某和赵某某不是他的上诉理由，与本案事实不符。其辩护人提出，上诉人吴某甲是受人雇佣的辩护意见，无证据证实。认罪态度好。本案有其他服刑人员在逃，无法查清上诉人吴某甲的地位、作用的辩护意见属实。故对其请求对上诉人吴某甲予以改判的辩护意见予以采纳。原审被告人李某某上诉提出“不知是毒品”的上诉理由，与本案证据证明的事实不符，并与其原供述不一致。原判量刑过重的上诉理由有理。但其辩护人提出，吴某甲有重大立功情节无证据证实，建议改判有期徒刑十五年无法律依据。云南省人民检察院认为，原判认定上诉人吴某甲、李某某犯运输毒品罪的事实清楚，证据充分。鉴于本案存在漏犯，建议二审法院依法对上诉人吴某甲、李某某改判的意见予以支持。原审法院所做的判

决，定罪准确，对上诉人吴某甲、李某某量刑不当。判决如下：一、维持云南省临沧市中级人民法院〔2011〕临刑初字第11号刑事判决对上诉人吴某甲、李某某的定罪和查获的毒品的处理。二、撤销云南省临沧市中级人民法院〔2011〕临刑初字第11号刑事判决对上诉人吴某甲、李某某的量刑部分。三、上诉人（原审被告人）吴某甲犯运输毒品罪，判处死刑，缓期二年执行，剥夺政治权利终身，并处没收个人全部财产。四、上诉人（原审被告人）李某某犯运输毒品罪，判处无期徒刑，剥夺政治权利终身，并处没收个人全部财产。

案例三

案情简介：

2013年9月2日20时20分左右，保山市公安边防支队芒颜边境检查站执勤人员依法对一辆龙陵至昆明的卧铺车进行检查时，从李某（在逃）42号床位的被子内查获白色手提包一个，当场从包内缴获用“玉溪”牌香烟壳包裹的海洛因一坨；从被告人杨某某携带的木箱里查获海洛因。经称量、鉴定：从白色女士挎包内查获的海洛因净重695克，平均含量为50.4%；从木箱里查获的海洛因净重686克，平均含量为49.8%。

本案由保山市公安局侦查终结，以被告人杨某某涉嫌运输毒品罪于2013年12月10日向保山市检察院移送审查起诉。保山市检察院向保山市中级人民法院提起公诉。

办案经过：

本案发生后，杨某某的父亲委托律师作为其辩护人。律师接受委托后，经过仔细阅读被告人的口供以及公安机关的抓获经过，发现杨某某的行为符合自首情节，并对此做了详尽的阐述，公诉机关也当庭认可了杨某某的自首情节。

律师辩护意见：

根据公安机关出具的《抓获经过》显示，被告人杨某某是因同行的李某被查获携带毒品可疑物，李某交代，（白色手提包）是在缅甸老街一名男子让其带到昆明。乘坐在40号座位的男子杨某某是她的男朋友，和他是一起的。而后检查人员才将被告人杨某某一起带下车，但此时检查人员并不知道被告人杨某某也携带毒品。下车后，在检查人员询问两人是否有行李时，被告人杨某某主动承认行李仓内的一个木箱是他的。并且强调，是拿给他女朋友东西的那名男子在老街拿给他让其带到昆明的。当李某被查获携带毒品可疑物后，检查人员对杨某某进行盘问仅仅是因为他与李某是同行人员，对杨某某没有采取任何强制措施，最多只能算“形迹可疑”。此时，杨某某主动指出木箱是他的，并强调木箱是缅甸男子（根据李某的交代，该男子已经有重大嫌疑）给他，可以看出杨某某已经主动承认了携带毒品。本案藏匿毒品的工具是轴承，需要专业的设备才能拆卸，藏匿方式是非常隐蔽的，如果不是被告人杨某某主动承认并且强调轴承是来自给李某毒品的缅甸男子，检查人员不可能查获该毒品，同时，因为藏匿毒品的木箱是在行李仓中，里面装载全车几十人的行李，如果被告人杨某某没有指出木箱是他的，检查人员也难以认定木箱的归属。根据《最高人民法院关于处理自首和立功若干具体问题的意见》关于“自动投案”的具体认定：“犯罪嫌疑人具有以下情形之一的，也应当视为自动投案；在司法机关未确定犯罪嫌疑人，尚在一般性排查询问时主动交代自己罪行的。”辩护人认为，对被告人杨某某行为应认定为自首，依法可以从轻、减轻处罚。

其余辩护意见：杨某某受雇运输毒品，系从犯、初犯、偶犯，杨某某年仅十八岁，且认罪态度好，毒品未流入社会造成危害等等不再赘述。

法院判决：

被告人杨某某明知是毒品海洛因而运输的行为已触犯我国《刑法》，构成运输毒品罪。公诉机关指控被告人杨某某犯运输毒品罪的事实和罪名成立，本院予以确认。被告人杨某某及辩护人均提出杨某某有自首情节。经查，李某携带的包内被查获藏有毒品后交代40号座位的杨某某是其男朋友，两人是一起的。执勤人员将两人带下车，让两人辨认行李仓内的物品。杨某某交代行李仓内有自己携带的一个木箱，并称是给货的人叫带到昆明。此时杨某某未被采取任何强制措施即交代木箱是自己的，并称是他人交给自己携带。杨某某的行为符合罪行未被有关部门、司法机关发觉，仅因形迹可疑被盘问、教育后，主动交代了犯罪事实的，视为自动投案，应认定为自首。杨某某犯罪时刚满十八周岁，且归案后能如实供述犯罪事实，认罪态度好。辩护人关于被告人杨某某有自首情节及认罪态度好的辩护意见与审理查明的事实相符，本院予以采信。根据被告人杨某某的犯罪事实、犯罪性质、犯罪情节、自首情节以及认罪悔罪态度，对被告人杨某某从轻处罚。为严厉打击毒品犯罪，维护社会管理秩序，保护公民身心健康，依照《中华人民共和国刑法》第三百四十七条第二款（一）项、第六十七条、第六十四条的规定，判决如下：被告人杨某某犯运输毒品罪，判处有期徒刑十五年，并处没收个人全部财产。

二、侵害人身权利案件

案例四

案情简介：

2011年9月5日晚，被告人李某、祝某、张某因琐事与被害人韩某、田某、陈某等人发生纠纷，李某、祝某、张某将田某的摩托车砸坏，经协商答应赔偿。后李某、祝某、张某不想赔钱，三人即预谋打韩某等人。2011年9月8日中午12时许，被告人李某、祝某、张某在其单位门口遇见韩某、田某、陈某、吕某，韩某向李某等人要钱，李某同意去取钱，韩某便骑摩托车带上李某去取钱，当行至丹霞路上时，李某突然用随身携带的匕首在韩某头部、颈部乱戳致摩托车及二人倒地，后李某又用匕首在韩某腹部连捅数刀，祝某、张某赶来，三被告人对韩某拳打脚踢，致韩某全身多处受伤。韩某伤后被送往陕西省辅仁医院及第四军医大学西京医院住院治疗，诊断为：（1）颞骨骨折（右）。（2）外伤性面神经麻痹（右）。（3）头部皮肤裂伤。（4）胸部皮肤裂伤。（5）腹部刀刺伤。（6）肠穿孔修补术后。经西安交通大学法医学司法鉴定中心鉴定：韩某的损伤属重伤及五级伤残。

律师辩护意见：

1. 李某用刀伤害受害人导致其重伤的行为属于共同犯罪中的实行过限行为，应由直接行为人李某对刀伤导致的重伤结果承担相应的刑事责任。李某在摩托车上用刀的行为，三人并无预谋。当庭三被告人均表示其预谋的内容为教训、吓唬而不包含重伤。祝某当然事先并不知情也没有预想到，而且已经超出了之前三人预谋“弄”的范畴。从随后祝某持刀而未使用而且将李某从受害人身边拉开的事实来讲，祝某并没有重伤受害人的故意。李某的行为属于偶然和受害人巧遇后的临时起意，属于实行过限，祝某对此不承担刑事责任。

2. 祝某在本案中属于从犯，根据《刑法》的规定，应当从轻、减轻，或者免除处罚。从侦查机关以及公诉机关的调查讯问笔录中以及当庭调查的事实来看，受害人身上两处重伤都是刀具所伤，在整个案件发展过程中，有证据证明的是第一被告用刀伤害受害人的事实，而祝某没有用刀具直接伤害韩某的犯罪行为。应由直接李某对刀伤导致的重伤结果承担相应的刑事责任。祝某不应对重伤结果承担刑事责任。祝某的行为在案件中起次要辅助作用，属于从犯。应当从轻、减轻，或者免除处罚。

3. 祝某在本案的侦破过程中有立功情节。根据派出所 2011 年 9 月 10 日提供的抓捕证明材料可以看出，祝某协助该派出所将同案被告人张某抓捕归案。依据《最高人民法院关于处理自首和立功具体应用法律若干问题的解释》，协助司法机关抓捕其他犯罪嫌疑人（包括同案犯），属于立功。

4. 案件发生后，被告人祝某父母积极给受害人进行了部分民事赔偿，而且现在也愿意通过法院调解继续积极赔偿。应该在对祝某量刑时候予以充分考虑。

5. 祝某属于初犯，而且以前没有刑事及治安处罚记录，在其被公安机关审查时主动交代犯罪事实，认罪态度好，应酌情予以考虑。

法院判决：

法院认为，李某、祝某、陈某故意伤害他人身体，致人重伤，其行为均已构成《中华人民共和国刑法》第二百三十四条二款规定的故意伤害罪。检察院指控三被告所犯罪名成立。在共同实施犯罪过程中，被告人李某起主要作用，系主犯，被告人祝某、陈某起次要辅助作用，均系从犯。被告人祝某能协助公安机关抓捕同案犯陈某，具有立功表现，依法可减轻处罚，故被告人祝某的辩护人的辩护意见予以采纳。庭审中，三被告人认罪态度尚好，依法可从轻或减轻处罚，并宣告缓刑。依照《刑法》第二百三十四条二款、第二十五条、第二十六条、第二十七条、第六十八条一款、第七十二条、第七十三条、第六十四条及《最高人民法院关于处理自首和立功具体应用法律若干问题的解释》第五条之规定，判决祝某犯故意伤害罪，判处有期徒刑二年，缓刑三年。

案例五

案情简介：

2009 年 8 月某日，被告人肖某为当日曾在其家中与被害人魏某发生打斗的肖某某出气，于当日晚伙同一干人等至被害人所待的饭店处实施报复，肖某某等人与被害人魏某发生打斗后，被告人肖某赶到斗殴现场并持械打砸饭店及附近的店铺，被害人魏某受伤住院后长期昏迷，于 2010 年 7 月某日不治身亡。

被告人肖某归案后，保山市人民检察院以肖某涉嫌故意伤害、寻衅滋事罪起诉至保山市中级人民法院，保山市中级人民法院作出刑事判决，以故意杀人罪判处被告人肖某死刑立即执行。

办案经过：

被告人肖某不服，向云南省高级人民法院提起上诉，被告人肖某的亲属委托律师担任肖某二审期间的辩护人。律师接受委托后，发现本案存在诸多可以从轻、减轻处罚的情节，但一审法院遗漏认定，对肖某量刑畸重。

律师辩护意见：

1. 关于被告人肖某于 2010 年 7 月 8 日到保山市隆阳区刑警二中队主动投案的行为应认定依法为自首。

2. 被告人肖某在该故意伤害共同犯罪中所起的是次要与辅助的作用，应认定被告人肖某为故意伤害罪的从犯。被告人肖某是否构成故意伤害罪的从犯，应从其是否主动发起犯意、参与此次共同犯罪的积极性、行为强度以及对造成的犯罪结果所起的作用如何来综合分析。

3. 被告人肖某积极主动赔偿被害人亲属经济损失。虽然金钱不是化解精神创伤的灵丹妙药，但赔偿有助于缓解被害人家属的物质困难或者恢复正常的生活、生产秩序，被害人家属的痛苦将会相应减轻，受伤的心理也会得到一定程度的安抚，对社会安全的不信任甚至于仇视的心理也将有效释放。

法院判决：

二审中，辩护人多次到省高院、省检协调本案，最终省高院采纳辩护人意见将本案发回重审。重审中，辩护人又积极协助主办法官促成被告人赔偿被害人亲属经济损失。最终市中院在采纳了律师辩护意见的基础上，以故意伤害罪、寻衅滋事罪并罚判处被告人肖某有期徒刑十三年。

案例六

案情简介：

被告人孔某甲与被害人陆某两家位于睦伦乡下木树村小组，两家人因山地相邻纠纷而素有矛盾。2012 年 8 月 5 日 15 时许，被告人孔某甲与堂弟孔某乙驾驶拖拉机到山上砍树，途经陆某家玉米地与其山林交界处，见种满玉米，遂指使孔某乙驾驶拖拉机沿交界处碾压过玉米地，砍树返回后又反复碾压玉米地 370 平方米。陆某、陆小某父子闻讯持木棒先后赶到，陆某用木棒打砸准备离开的拖拉机并将挡风玻璃打碎，孔某甲遂持镰刀下车与陆某父子互相殴打，打斗过程中，陆某被镰刀砍中颈部致当场死亡，陆小某被镰刀砍伤面部。随后孔某甲离开现场准备前往派出所自首，途中遇到民警驾警车接警而来，遂向之投案并被抓获。经鉴定，被害人陆某系被他人用锐器砍切右锁骨上缘颈部致颈内静脉断裂、右锁骨下动脉破裂急性大失血死亡；被害人陆小某面部损伤构成轻伤，伤残等级经评定为十级伤残。

办案经过：

本案发生后，被告人的家属委托律师担任孔某甲一审期间的辩护人。律师接受委托后，鉴于本案是人身损害案件，于是联系被害人一方希望达成谅解，但被害人一方坚决不同意进行调解。律师没有轻易放弃，不断辗转于双方之间进行斡旋，说服被告人的家属到被害人的家中道歉，自己更是多次到被害人家沟通案件。最终，被害人家属被律师的毅力和职业素养打动，谅解了被告人，并当着主审法官的面写下谅解书。

律师辩护意见：

本案是由一般民间纠纷引发的斗殴伤人案件，被告人孔某甲是在被害人一方携带棍棒来到现场打砸准备驾车离开现场的被告人一方，被告人才一时冲动进行反击，主观上不属于穷凶极恶的犯罪分子。被告人案发后主动向公安机关自首，存在自首情节，并属初犯、认罪态度好，应从轻处罚。

法院判决：

被告人孔某甲因与被害人陆某家素有矛盾，故意挑衅、引发事端，打斗中用镰刀砍杀致陆某死亡、陆小某轻伤，其行为已经触犯国家《刑法》，构成故意伤害罪，且犯罪后果严重，依法应予惩处，并赔偿因犯罪所造成陆某家庭的经济损失。鉴于被告人孔某甲尚能投案自首，供述犯罪事实，且本案是由普通的民间纠纷引发，被告人孔某甲不属于有极大人身危险性的犯罪分子，据此，以故意伤害罪判处孔某甲无期徒刑，剥夺政治权利终身；赔偿附带民事诉讼原告人姜某某、段某、罗某某丧葬费 20189.5 元、伤残鉴定费人民币 700 元，共计人民币 20889.5 元。驳回附带民事诉讼原告人陆小某、罗某某对附带民事诉讼被告人孔某甲的诉讼请求。

案例七

案情简介：

李某某，2008 年 9 月因盗窃罪被判处有期徒刑一年，2009 年 5 月 2 日刑满释放。2009 年 7 月 25 日 20 许，被告人李某某与使某某某乘坐 K9441 次列车前往峨边，使某某某购买弹簧刀两把，送给李某某一把，李某某身着黑色 T 恤，使某某某身着黄色上衣。火车行至峨眉途中，因琐事李某某与被害人阿某某某发生口角，相邀到火车车厢连接处解决，后李某某、使某某某、阿某某某、阿某某某的同伴阿某某某 A 在 11 号、9 号车厢连接处发生打斗，打斗至 11 号车厢中部，阿某某某被刺伤，失血过多倒地，失血性休克，在休克前口中对同伴阿某某某 A 连续呼叫“黄衣服”。经尸检，阿某某某的右大腿、右足背和右小腿等处刺伤，锐器刺伤右侧股静脉、股动脉分支等导致失血性休克死亡。经侦查发现，在 11 号车厢发现两把弹簧刀，分别在 1、2 号座位下和 50、51 号座位下各发现一把匕首，其中 1、2 号座位下有“刀尖带血的弹簧刀”。公安机关对 1、2 号座位下的刀经鉴定血迹为李某某和使某某某 A 共同所留，未对 50、51 号座位下的弹簧刀进行鉴定。经成都铁路运输中级人民法院判处李某某死刑。一审法院认为，被告人李某某故意伤害他人身体致人死亡，其行为已构成故意伤害罪。检察院对李某某的指控成立。李某某在刑罚执行完毕以后五年内再犯应当判处有期徒刑以上的刑罚之罪，是累犯，应从重处罚。李某某在刑满释放不久就在公共交通工具上采用残忍手段刺人多刀致人死亡，其人身危险性和社会危害性极大，对辩护人减轻处罚的辩护意见不予采纳。为保护公民的人身和财产权利不受侵犯，严厉打击刑事犯罪活动，判决李某某死刑，缓期二年执行，剥夺政治权利终身；并赔偿各项费用五万余元。

办案经过：

一审判决后，被告人李某某的家属委托律师担任李某某二审期间的辩护人。辩护律师在认真查阅了本案案卷后，认为本案基本事实不清，多份证据之间相互矛盾，可能存在程序上的瑕疵，无视被告人的认罪、悔罪表现等问题。于是，律师花了大量时间和精力将有疑点的方面一一罗列，并以口头和书面的方式向二审法院阐明相关情况，建议撤销一审判决，对李某某从轻处罚。

二审判决：

二审法院认为，原审法院认定事实清楚，定罪准确，审判程序合法，附带民事部分判决适当，但对被告人李某某的量刑不当，应予改判。判决撤销原审法院对李某某的刑事判决，改判无期徒刑，剥夺政治权利终身。

三、侵犯财产类案件

案例八

案情简介：

家住云南省曲靖市陆良县的何鹏，就读于原云南公安专科学校，于2001年3月2日、3日两天，用家里为其办理的农行储蓄卡，在多台ATM取款机上，分200多次，共取款429700元。同年3月5日，陆良县公安机关找到了何鹏，何鹏积极退回了全部现金，但还是被陆良县公安局以涉嫌信用卡诈骗罪拘留。经审查后，是银行电脑系统故障，不构成信用卡诈骗罪，何鹏于3月12日被释放。同年4月6日，陆良县检察院又以涉嫌盗窃罪批捕，并于2001年5月23日移送曲靖市检察院审查起诉。2002年3月19日，曲靖市检察院向曲靖市中级人民法院提起公诉，市中级人民法院于4月9日开庭审理，未当庭宣判，后于7月12日以盗窃罪判处何鹏无期徒刑。8月27日将判决书送达何鹏，何鹏不服向省高院上诉，高院驳回上诉，维持原判。在云南省第四监狱服刑期间，何鹏认为其行为不构成犯罪，并且法院对其量刑过重，多次向原审人民法院和最高人民法院提出申诉。

办案经过：

为准确评价何鹏盗窃一案行为的法律性质，依法保障其合法权利，2008 年 5 月 24 日，陈维镖律师特委托北京师范大学刑事法律科学研究院疑难刑事问题研究咨询专家委员会对本案所涉及的一些法律疑难问题进行论证。参加研讨会和论证会的法律专家有高铭暄教授、赵秉志教授、周道鸾教授。请求专家论证的主要问题是：（1）本案中司法机关查明的事实是否清楚？（2）如何认定和理解何鹏的行为的法律性质？（3）本案中对何鹏的量刑是否适当？

与会法律专家提供了如下法律意见：

（一）司法机关查明和认定的关键事实不清，证据不足。

与会专家一致认为：原一、二审法院的判决和裁定所载明的证据表明，其认定何鹏查询储蓄卡时“显示无余额”的事实不清，并且没有准确说明银行计算机系统存在何种故障。

（二）关于何鹏在本案中行为的法律性质。

1. 周道鸾教授认为何鹏的行为构成盗窃罪。

2. 高铭暄教授和赵秉志教授认为何鹏的行为不构成盗窃罪。

3. 至于本案中何鹏的行为的法律性质及其是否构成犯罪，高铭暄教授认为，本案中何鹏的行为构成侵占罪。赵秉志教授认为本案是否构成犯罪，尚需司法机关对刑法典关于侵占罪的规定做既合乎立法原意又具有法理依据、符合社会实践的准确解释。

（三）关于本案中对何鹏的量刑是否适当。

与会专家一致认为：即便是何鹏构成盗窃罪，原审法院对何鹏的量刑也过重，有违《刑法》总则中规定的罪责刑相适应的基本原则。

律师辩护意见：

何鹏的行为按我国《民法》中的不当利益定性更为确切，其行为不应构成犯罪。根据我国《刑法》“法律没有明文规定为犯罪行为的，不得定罪处罚”的规定，何鹏的行为也不应受到法律的处罚。

法院判决：

一审判决认为：何鹏以非法占有为目的，利用银行计算机系统出现故障，自动柜员机丧失识别能力之机，使用仅有人民币 10 元的储蓄卡，从自动柜员机中窃取银行的人民币 429700 元，其行为已构成盗窃罪，其盗窃数额特别巨大。根据《刑法》第二百六十四条第一款的规定，判决如下：何鹏犯盗窃罪，判处无期徒刑，剥夺政治权利终身，并处没收个人全部财产。

二审法院认为：上诉人何鹏无视国法，趁计算机系统出现故障之机，套取巨额现金据为己有，其主观上具有非法占有的目的，客观上实施了使用储蓄卡套取巨额现金有虚假挂失的行为，其行为具有秘密窃取的性质，构成盗窃罪，且数额特别巨大，应依法惩处。裁定驳回上诉，维持原判。

再审判决：“一、撤销本院〔2002〕云高刑终字第 1397 号刑事裁定和曲靖市中级人民法院〔2002〕曲刑初字第 66 号刑事判决；二、原审被告人何鹏犯盗窃罪，判处有期徒刑八年六个月，并处罚金三万元。本判决报请最高级人民法院核准后生效。”

最高院裁定：“核准云南省高级人民法院〔2009〕云高刑再终字第 8 号对原审被告人何鹏以盗窃罪在法定刑以下判处有期徒刑八年六个月，并处罚金人民币 30000 元的刑事判决。本裁定自宣告之日起发生法律效力。”

案例九

案情简介：

王某某与胡某某是同居一个自然村的老乡，平时关系很好。平常一起到各小区收废报纸及家具，倒卖以后赚取基本生活费。2011 年 5 月 24 日 18 时许，王某某和胡某某到昆明市某小区 29 号 302 室时，见室内没有人。王某某提出犯意并撬开门锁入室，胡某某在门口放风，盗窃得失主张某某人民币 10420.00 元及价值人民币 1195.00 元的 TCL 液晶电视机一台。失主张某某及时报警，于 2011 年 5 月 25 日 20 时许被抓获，当场缴获被盗电视机发还失主。侦查机关依法对二被告人采取了刑事拘留。

办案经过：

案件发生以后，律师受被告人王某某家属的委托，担任王某某的辩护人。经过多次会见被告人王某某，查阅了本案相关卷宗，对案件事实有了全面了解以后，发现被告人王某某属于初犯、偶犯，而且愿意积极退还赃款及如实供述犯罪事实的明显悔罪表现。为此，律师为被告人提出从轻、减轻处罚的辩护观点。

辩护意见：

被告人王某某属于初犯、偶犯；认罪态度较好，具有坦白从宽情节；愿意退还所有赃款并按照法院判决缴纳罚金，具有明显的悔罪表现。为此特请求法庭给予其悔过自新、重新做人的机会，予以从轻处罚，对其适用缓刑。

法院判决：

法院判决时充分采纳了辩护意见，依法判决：一、被告人王某某犯盗窃罪，判处有期徒刑三年，缓刑三年，并处罚金 5000 元。二、被告人胡某某犯盗窃罪，判处有期徒刑二年，缓刑二年，并处罚金 2000 元。

四、其他类案件

案例十

案情简介：

2013 年 9 月 6 日，雍某与朋友吃饭，喝酒后驾驶一辆小轿车，在城内道路行驶撞上一警示牌后继续行驶时被公安局巡逻民警当场查获。民警在现场发现雍某有酒后驾驶的嫌疑，随后将雍某带往医院对其进行了血样采集。2013 年 9 月 9 日，经司法鉴定中心鉴定，送检血样中乙醇含量为 244.7mg/100ml，达到醉酒程度，于 2013 年 9 月 25 日被公安局依法取保候审。2014 年 3 月 10 日，公安机关侦查终结后，以雍某涉嫌危险驾驶罪移送检察院审查起诉。2014 年 3 月 17 日，检察院向法院提起公诉。

办案经过：

案发后，雍某的亲属委托律师担任其辩护人。律师接受委托后，综合雍某的家庭情况及本案事实，向公安机关提出了取保候审申请，认为雍某虽然触犯了《刑法》，但不属于有人身危险性的犯罪分子，并且雍某家中有老人常年卧病在床，需要照顾，雍某在当地有固定住所。公安机关批准了取保候审的申请。案件移送法院审理后，律师多次带领找到雍某案件的承办法官和公诉人进行沟通，希望能够从轻判处，并宣告缓刑，最终，律师的努力获得了很好的效果，法院没有对雍某判处需要监禁的刑罚。

律师辩护意见：

1. 本案被告人案发时间是在 2013 年 9 月 6 日，而最高法、最高检、公安联合发布的《关于办理醉酒驾驶机动车刑事案件适用法律若干问题的意见》于 2013 年 12 月 18 日才出台，根据我国《刑法》“从旧兼从轻”的原则，该《意见》中的第二条第二项不能适用本案，否则就违反了我国《刑法》的“罪刑法定”基本原则。

2. 被告人雍某家有 83 岁高龄的老母亲并长期卧病在床，需要被告人照顾，同时被告人雍某的儿子二级残疾也需要被告人照顾，被告人本人患有严重的糖尿病和高血压，同时被告人已于 2014 年 3 月 22 日住院治疗，而且被告人患有皮肤病，有传染别人的可能。

3. 被告人之前没有任何违法犯罪行为，属初犯，平时表现一贯良好，这次醉酒驾驶，也是碍于朋友情面喝了点酒，又不放心生病在床的老母亲和肢体残疾的儿子，开车回家且没有造成任何人身和财产损失的严重后果。

4. 本案被告当庭认罪态度非常好，适用简易程序审理此案，依法可以酌情从轻处罚。

5. 本案被告在取保候审期间没有任何违法违规行为。

法院判决：

法院最终认定：被告人雍某危险驾驶罪成立，辩护律师意见与庭审查明的事实一致，予以采纳，决定对其从轻处罚并适用缓刑。

法院最终判决：被告人雍某犯危险驾驶罪，判处拘役三个月，宣告缓刑六个月，并处罚金 3000 元。

案例十一

案情简介：

犯罪嫌疑人刘某某、李某某 2017 年 4 月 14 日深夜被水富县公安局连夜带走，2017 年 4 月 15 日，因涉嫌职务侵占罪被水富县公安局刑事拘留，2017 年 5 月 20 日，经水富县人民检察院审查批准并由水富县公安局执行逮捕，2017 年 6 月 9 日，水富县人民检察院撤销逮捕决定，同日被水富县公安局予以释放，变更强制措施。后水富县公安局侦查终结，以赔偿请求人涉嫌挪用资金罪、拒不执行判决裁定罪，于 2018 年 1 月 16 日移送水富县人民检察院审查起诉。

办案经过：

公安机关对刘某某、李某某以涉嫌职务侵占罪立案侦查并执行刑事拘留后，找到陈维镖律师、薛贵兴律师，希望为其洗刷冤屈，维护其合法权益。律师接受委托后，经联系办案机关和审阅全部案件材料后，发现本案定性有误，应属民事纠纷案，并据此向水富县人民检察院提出辩护意见。

律师辩护意见：

从在案证据来看，本案源于刘某某、李某某与其投资的某矿泉水公司、其余股东之间的民事债权债务纠纷。刘某某、李某某与其投资的某矿泉水公司存在债权债务往来纠纷，与其余股东之间存在股权纠纷，均属于平等主体之间的民事法律关系，应属民法调整范围。刘某某、李某某与其投资的某矿泉水公司、其余股东之间的民事债权债务纠纷被错误定性，公安机关启动刑事程序，导致刘某某、李某某与其投资的某矿泉水公司、其余股东之间民事债权债务关系梳理、推进受阻。在中央及最高法、最高检的司法文件如《最高人民法院关于充分发挥审判职能作用为企业家创新创业营造良好法治环境的通知》《最高人民检察院关于充分发挥职能作用营造保护企业家合法权益的法治环境支持企业家创新创业的通知》中，均多次强调要坚决防止利用刑事手段干预经济纠纷的情况发生。

案件结果：

经水富县人民检察院退回补充侦查和延长审查起诉期限，2018 年 7 月 16 日，水富县人民检察院对犯罪嫌疑人刘某某、李某某作出水检公诉刑不诉〔2018〕11 号《不起诉决定书》，认为刘某某、李某某没有犯罪事实。

第十章

心理疏导篇

第一节　心理健康的重要性

一、什么是健康?

健康不就是没有病吗?很多人会这样回答,世界卫生组织在《宪章》中是这样规定的:“健康乃是一种身体上、心理上和社会上的完满状态,而不仅仅是没有疾病和虚弱的状态。”1999 年世界卫生组织对健康作出了最新定义:“一个人在躯体健康、心理健康、社会适应良好和道德健康四个方面皆健全才算健康。”

二、什么是心理健康?

心理健康这个概念是 1948 年由世界卫生组织提出来的,当时的定义是“不但没有疾病、缺陷,还应该有良好的生理和心理状态以及社会适应能力”。这个定义中最重要的一条标准,是良好的心理状态和良好的适应能力。那么怎样的人才算是心理健康的人呢?心理健康新十项标准是这样的:

1. 充分的安全感。
2. 充分了解自己,对自己的能力作出恰如其分的判断。
3. 生活目标切合实际。

4. 与外界环境保持接触。

5. 保持个性的完整与和谐。

6. 具有一定的学习能力。

7. 保持良好的人际关系。

8. 能适度地表达和控制自己的情绪。

9. 有限度地发挥自己的才能与兴趣爱好。

10. 在不违背社会道德规范下，个人的基本需要应得到一定程度的满足。

当人处在挫折情境中的时候，总要伴随着一定的心理反应，引发出一系列直接或间接的挫折行为，并最终影响到人们个性心理的形成和发展。上述挫折情境会给你们带来哪些反应呢？

情绪方面：挫折常常使人产生一种压抑感、恐惧感以及焦虑不安、灰心丧气、敏感多疑等不愉快的情绪反应。

理智方面：接二连三的挫折情境抑制了人的心智活动，常常使一些人在分析、判断、解决问题时滞缓、刻板，缺少灵活性、独创性。这些人往往把失败归咎于他人，并为自己找一些合理的借口，以减轻心理压力。

自信方面：由于人生旅途上的频繁挫折，加剧了对前途的担忧，从而怀疑自己的能力，丧失了重获新生的信心，放弃了追求自由的目标，进而产生逃避现实的心理倾向。

性格方面：挫折情境常会使一些朋友变得悲观失望、沉默孤独、郁郁寡欢、不愿交往、不好竞争，或表现出暴躁、易怒、喜欢挑衅等等。

生理方面：挫折情境所带来的紧张情绪，常常导致生理上的一系列反应，如呼吸急促、出汗、脸红、神情恍惚、食欲减退、失眠、健忘以及轻度的身体疾病等等。

行为方面：挫折情境常常使一些朋友表现出直接或转向的攻击性行为。失去人身自由的挫折常常导致一些朋友破坏监规、讽刺挖苦别人、打人、骂人等行为。

这一切都要求朋友们必须加强对自己的挫折教育。其实早已经有很多中外名人为我们做了很好的榜样，如音乐家贝多芬在生活极度困顿、耳朵聋了的困境下与命运奋力抗争，谱写了至今仍鼓舞很多人的《命运交响曲》；爱迪生为了发明电灯不知失败了多少次，才最终找到了钨丝；著名物理学家霍金，命运对他十分残酷，17 岁时他考取了著名的牛津大学，21 岁时却患上了萎缩性脊髓侧索硬化症，医生说他最多只能活两年半，霍金顽强地向命运发起了挑战，两个半年过去了，他不仅坚强地活着，还成了伟大的天体物理学家，他写的科学著作《时间简史：从大爆炸到黑洞》轰动了世界，他不仅以他的成就征服了世界，更以他的顽强搏斗的精神征服了世界；美国前总统林肯 22 岁生意失败，23 岁竞选州议员失败，24 岁再次生意失败，27 岁精神崩溃，29 岁竞选州议长失败，34 岁竞选国会议员失败，35 岁当选州议员，39 岁竞选国会议员再次失败，46 岁竞选参议员失败，47 岁竞选副总统失败，49 岁竞选参议员再次失败，51 岁当上美国总统。纵观中外名人的成功都不是一帆风顺的，不经风雨哪能见彩虹。当遇到挫折时，不应该怨天尤人，应该树立正确态度。正确的态度主要是指面对困难的勇敢和面对失败的不屈服。对挫折的正确态度，首先表现在能勇敢地面对困难。要认识到挫折具有双重性，挫折会给人以打击，带来损失和痛苦，但也能使人奋起、成熟，从中得到锻炼。

孟子的“天将降大任于斯人也，必先苦其心志，劳其筋骨，饿其体肤，空乏其身”也是不无道理的，挫折教育是可取的。耐挫力是心理品质的重要组成部分，一个人耐挫力的高低不是恒定不变的。“人生能有几回搏”这话固然深刻，但“人生总有几回挫”也许更有普遍意义。人生遇到挫折是经常的、不可避免的，应该正确对待所遇到的困难和挫折，认识到困难和挫折是我们生活中的一部分，学会如何应付所遇到的挫折，提高挫折耐受力。从这个意义上说，挫折是一种成熟和成功的“催化剂”，只要能从容地面对它，自信地战胜它，成功就离我们很近了。

三、如何面对心理问题？

首先向大家推荐一篇文章，那就是余秋雨的《为自己减刑》。一个朋友进了监狱，余秋雨对他的朋友说：“平日都忙，你现在终于获得了学好一门外语的上好机会。”几年后他接到一个电话，打电话的人兴高采烈地说：“嘿，我出来了！”余秋雨便问：“外语学好了吗？”那个朋友说：“我带出来一部六十万字的译稿，准备出版。”他这个刑满释放的朋友，用积极的人生态度，为自己大大地减了刑。真正进监狱的人毕竟不多，不要明明没有进监狱却把自己关在心造的监狱里，不肯自我减刑、自我赦免。不要把自己的仇人当成监狱，不要把自己的嫉妒对象也当作了监狱，更不要把自己的工作、学习当成监狱！余秋雨在文章的结尾这样告诫我们：舒一舒眉，为自己减刑吧。除了自己，还有谁能让你恢复自由？被人否定或是失去自信时，别忘了提醒自己：“野草是一株尚未被发掘的大树。”想想这些人，再想想自己。希望你记住：许多伟大的人物在成功之前都经历过拒绝、否定和嘲笑。千万不要为任何人抛弃你的抱负！

我想告诉大家：如果出现了心理问题也用不着害怕或者惊慌失措，更不要对那些很正常的事情大惊小怪，而是要与别人沟通寻求帮助，这是一种积极有效的解决心理问题的方法。美国人很注重心理健康，他们把定期看心理医生看作是正常生活的一部分，看心理医生非常方便，平均 500 个美国人就有 1 名心理医生。心理医生存在于各大医疗机构、家庭诊所和社区诊所中。当人们觉得有必要看心理医生时，只要打个电话预约，然后按时赴约就可以了。除了看心理医生，“沟通”在美国人眼里也是极其重要的。美国人在遇到不平之事时，大多选择“说出来”。因为在他们看来，向别人倾诉能够克服不良心理，避免使心理问题发展成心理障碍。就连一个小孩子遇到问题时，都会一脸严肃地对自己的妈妈说：“我要跟你谈谈！”其实，许多误解都是在“说”的过程中化解的，即使暂时化解不了，这种沟通的过程，对排解负面情绪也是有好处的。

朋友们，当我们心中有困惑时，可以向身边的朋友诉说自己心中的难题，让这些大朋友们帮助我们解答；在任何地方我们都可以向别人诉说，敞开心扉，有什么想法就全都说出来。在困惑的时候，在无助的时候，能够很容易找到一个人倾诉一下、指导一下，我们的心情就可以放松与舒畅！

你可以常常告诫自己：我改变不了环境，但我可以改变自己；我不能控制他人，但我可以掌握自己；我不能预知明天，但我可以把握今天；我不能样样顺利，但我可以事事尽心；我不能左右天气，但我可以改变心情；我不能选择容貌，但我可以展现笑容；换一副“眼镜”看世界，我们就会少些忧愁与烦恼，多些开心和快乐！

每个人在人生的旅途上都可能碰到坎坷，遭遇失败。现代医学告诉我们，一个人的健康既包括身体健康，又包括心理健康，单纯地追求身体健康而忽视心理健康，不仅会导致精神疾病的发生，而且会诱发多种躯体疾病。现代社会由于运转节奏的加快和竞争局面的不断加剧，人们的心理负担也越来越重。特别是对处于人生不幸阶段的朋友们来说，你们面临着生理的、认识的、情感的、社会的多方面的现实问题，面临着失去人身自由的巨大压力，因而必然承担剧烈的心理冲突。对于人们来说，有一定的情绪波动是正常的，但是如果表现过于强烈，就容易造成心理失衡，影响正常的思维。大量事实证明，心理健康不仅有利于自己的案件能够得到公正的处理，而且还能使你们正确地面临困难和挫折，对各种社会环境有较强的适应能力。许多心理学测验也证实，当一个人情绪好的时候，往往会精神振奋，干劲倍增，思维敏捷，效率提高；反之，则会无精打采，思路堵塞，效率下降。我觉得心理健康应具备以下素质：

1. 对自己有一个正确的认识，并自尊自爱。心理健康的人具有自知之明，有自我反省的能力。他们能通过自己与先进人物及周围人物的对比来认识自己、解剖自己；他们不但能了解自己的优点、缺点、兴趣、爱好，还能正确评价自己的能力与性格，并据此安排自己的生活、学习和工作，因而他们具有较高的成功率。他们既不好高骛远、狂妄自大、目空一切，也不妄自菲薄、自轻自贱、忧郁颓废，人际交往中他们既自尊自爱，又尊重他人。

2. 能正视现实，勇于解决问题。心理健康的人能和客观现实保持良好的接触，能对周围的事物有清醒的、客观的认识；能正视困难与挫折，勇于面对现实，找出问题的症结和解决的办法，而不企图逃避、推卸责任；他们既有高于现实的理想，又不沉迷于虚无缥缈的幻想，思想和行动总能跟上时代的步伐，并为社会所接纳；他们凭理智办事，能听从一切合理的建议与意见。

3. 乐于交往，能保持和谐的人际关系。心理健康的人，总是喜欢与人交往，以寻找知音，建立友情，保持和谐的人际关系。交往中，他们以尊敬的、信任的、谦让的、诚恳的态度待人，团结友爱，助人为乐，而不是自私自利、猜疑、孤傲。他们能和多数人建立良好的关系，与他人同心协力，合作共事。

4. 情绪稳定，性格开朗。人的情绪与人的需要能否得到满足相联系，但人的需要总有得不到满足的时候。这就要求人们善于排除心理障碍，能够控制、稳定自己的情绪。要养成热爱生活、积极向上的生活态度，要树立远大的理想和信念，只有这样才能性格开朗、目光远大、心情愉快，才能胜不骄、败不馁。个人主义思想严重的人则心胸狭窄、自私自利、患得患失、情绪起伏波动、喜怒无常。希望朋友们能按上述四个标准对照检验自己，要求自己，以愉悦的心境、饱满的情绪，去面对困难，提高忍耐、受挫力，坚定信念，相信自己，提高自己的心理素质，以昂扬的斗志面对生活的挑战。

5. 要正确对待成功与失败。每个人几乎都经历过失败的痛苦，都感到过己不如人的沮丧，但我们谁也不愿把悔恨旧梦重温，谁也不能让时光倒流，如果你一味沉溺于过去失败的痛苦之中，那么错过的不仅是昨天的时光，还会是今天的机会。

总之，只有正确对待过去，既不要被眼前的挫折所困扰，也不要被暂时的失败所屈服，要重整旗鼓，轻装上阵，积极行使自己的诉讼权利，遵守监规，配合办案机关查清事实，这才是良好的心理情绪所必需的。

国外有句格言："我是我心灵的主宰。"最后祝愿朋友们掌握好自我情绪之舵，乘风破浪，在人生的道路上作出有利于国家和社会的不平凡的业绩！

第二节 如何减轻心理压力

失去人身自由的压力，像空气一样无时无刻不在挤压着在押人员。有人总是背负着沉重的压力，损害健康。那么，怎样才能舒缓压力呢？据研究，下列十三种心理调节措施是行之有效的减压方法，供大家参考。

1. 健康的开怀大笑是消除压力的最好方法，也是一种愉快的发泄方法。

2. 高谈阔论会使血压升高，而沉默则有助于降压。在没必要说话时最好保持沉默，听别人说话同样是一件惬意的事。

3. 阅读书报可以说是最简单、消费最低的轻松消遣方式，不仅有助于缓解压力，还可以使人增加知识与乐趣。

4. 做错了事，失去了人身自由，要想到谁都有可能犯错误，因而正确面对。

5. 在僻静处放声大哭，也是减轻体内压力的一种方法。

6. 与人为善，千万别怀恨在心。“百年之后”会变得荒唐的愤恨存在自己心里，付出的利息是紧张情绪。

7. 世上没有完美，我努力了，能好最好，好不了也不是自己的错。

8. 夜深人静时，让自己的心彻底静下来，不加掩饰，悄悄地讲一些只给自己听的话，然后酣然入梦。

9. 超然洒脱面对人生。想得开没有精神负担，放得下没有心理压力，淡泊为怀，知足常乐。

10. 在非原则问题上不去计较，在细小问题上不去纠缠，以聪明的“糊涂”舒缓压力。

11. 遇事是否沉着，是一个人是否成熟的标志之一。沉着冷静地处理各种复杂问题有助于舒缓紧张压力。

12. 当你无力改变现状时，你应学会换一个角度看待问题。请独自对困扰你的问题进行分析，然后找出一个最适宜的解决方法。

13. 既然昨天和以前的日子都过得去，那么今天和往后的日子也一定会安然度过，多念念“车到山前必有路”。

第三节　独具特色的心理疗法

心理疗法丰富多彩，妙趣横生，古今中外的许多诊疗奇闻佳话，不仅使人惊笑一番，大有喜怒哀乐皆是药之感，这些心理疗法，不但有些神奇的疗效，而且蕴藏着丰富的科学道理。

激怒疗法：

传说战国时代的齐闵王患了忧郁症，请宋国名医文挚来诊治。文挚详细诊断后对太子说："齐王的病只有用激怒的方法才能治好，如果我激怒了齐王，他肯定要把我杀死的。"太子听了恳求道："只要能治好父王的病，我和母后一定保证你的生命安全。"文挚推辞不过，只得应允。当即与齐王约好看病的时间，结果第一次文挚没有来，又约第二次，二次没来又约第三次。第三次同样失约，齐王见文挚恭请不到，连续三次失约，非常恼怒，痛骂不止。过了几天文挚突然来了，连礼也不见，鞋也不脱，就上到齐王的床铺上问疾看病，并且用粗话野话激怒齐王，齐王实在忍耐不住了，便起身大骂文挚，一怒一骂，郁闷一泻，齐王的忧郁症也好了。可惜，太子和皇后并没有保住文挚的性命，齐闵王还是把他杀了。但文挚根据中医情志治病的"怒胜思"的原则，采用激怒病人的治疗手段，却治好了齐王的忧郁症，给中国医案史上留下了一个心理疗法的典型范例。

逗笑疗法：

清代有一位巡按大人，患有精神抑郁症，终日愁眉不展，闷闷不乐，几经治疗，终不见效，病情却一天天严重。经人举荐，一位老中医前往诊治。老中医望闻问切后，对巡按大人说："你得的是月经不调症，调养调养就好了。"巡按听了捧腹大笑，感到这是个糊涂医生，怎么连男女都分不清。自后，每想起此事，仍不禁暗自发笑，久而久之，抑郁症竟好了。一年之后，老中医又与巡按大人相遇，这才对他说："君昔日所患之病是'郁则气结'，并无良药，但如果心情愉快，笑口常开，气则疏结通达，便能不治而愈。你的病就是在一次次开怀欢笑中不药而治的。"巡按大人这才恍然大悟，连忙道谢。

痛苦疗法：

明朝有个农家子弟叫李大谏，自幼勤奋好学，头一年考上了秀才，第二年乡试，又中了举人，第三年会试，又进士及第，喜讯连年不断传来，务农的父亲，高兴得嘴角都快挂到耳朵上了，逢人便夸，每夸必笑，每笑便大笑不止，久而久之，不能自主，成了狂笑病，请了许多医生诊治，都没有效果。李大谏不得已便请某御医治疗。御医思考良久，才对李说："病可以治，不过有失敬之处，还请多加原谅。"李说："谨遵医命，不敢有违。”御医随即派人到李大谏的家乡报丧，给他父亲说：“你的儿子因患急病，不幸去世了。”李大谏的父亲听到噩耗后，顿时哭得死去活来，由于悲痛过度，狂笑的症状也就止住了。不久，御医又派人告诉李的父亲说：“你儿死后，幸遇太医妙手回春，起死回生被救活了。”李的父亲听了又止住了悲痛。就这样，历时十年之久的狂笑病竟然好了。从心理医学上讲，此乃所谓相反疗法。

怡悦疗法：

传说古代名医张子和，善治疑难怪病，享有崇高威信。一天，一个名叫项关令的人来求诊，说他夫人得了一种怪病，只知道腹中饥饿，却不想饮食饭菜，整天大喊大叫，怒骂无常，吃了许多药，都无济于事。张子和听后，认为此病服药难以奏效，告诉病人家属，找来两名妇女，装扮成演戏的丑角，故作姿态，扭扭捏捏地作出许多滑稽动作，果然令病人心情愉悦。病人一高兴，病就减轻了。接着，张子和又叫病人家属请来两位食欲旺盛的妇女，在病人面前狼吞虎咽地吃东西，病人看着看着，也跟着不知不觉地吃起来。就这样，利用怡悦引导之法，使病人心情逐渐平和稳定，最后终于不药而愈。

羞耻疗法：

羞耻是人的本能，中医利用人的这一本能，治疗一些疑难怪症，都收到了神奇的意外效果。传说有一民间女子，因打哈欠，两手上举再也不能下来，吃药治疗皆无效果。名医俞用右，利用女子害羞的心理，假装要解开这位女子的腰带，扬言要为她作针灸治疗，女子被这突如其来的手势动作惊怒了，不自觉地急忙用双手掩护下身，急则生变，双手顺势自然下垂复原。这是中医采取“围魏救赵”的计谋权诈的心理疗法，收到了立竿见影的效果。

森田疗法：

蔬菜大棚里，一位年轻病人正在指挥着大家热火朝天地运土、浇菜、施肥；健身房里，几个病人大汗淋漓地在跑步机、单杠上做运动。森田疗法是治疗神经症的最佳疗法。治疗要点是为所当为、寻找痛苦，为所怕为、忍受痛苦，有所不为，以顺应自然，超越自我，打破精神交互作用，消除症状，通过行动治病。治疗分绝对卧床期、轻体力工作期、重体力工作期、生活训练期四个步骤。

艺术治疗法：

音乐室里十多名病人伴着悠扬的乐声翩翩起舞；书画室挂满了病人自己创作的五颜六色的作品，病人们有的凝神运笔，有的挥毫泼墨；娱乐室中病人或三五成群搓着麻将，或悠闲地读书看报。艺术治疗是将各种艺术治疗和行为治疗中的代币奖励治疗结合起来，治疗单纯药物治疗效果不佳的慢性精神病人，促进患者社会功能的恢复，对神经症、心理障碍、药物依赖等神经疾病有较好疗效，包括应用操作性音乐治疗、书法治疗、阅读治疗等具体方法。病人每两周轮换一室，每天由各室心理治疗医师讲解当天治疗活动的内容和治疗作用，然后由每人实际操作，治疗结束前要进行评分，到月底根据每人得分情况兑换各种生活用品、文具、食品等，以鼓励病人继续治疗，直至达到出院标准。

第四节　健康的心理是成功的保证

健康是人类生存极为重要的内容，一个人怎样才算健康呢？联合国世界卫生组织提出过一个响亮的口号：“健康的一半是心理健康！”健康不仅是指没有疾病，而且是指一个人有良好的身体和精神以及社会的适应状态。

应该如何拥有健康的心理呢？我想，可以从以下几方面来做：

1. 正确的人生态度。

正确的人生态度来源于正确的认识和世界观，既有远大的理想，又有实事求是的精神，在周围环境发生变化时，能够跟上时代的步伐，立场坚定。我们刚刚进行完的期中考试，无论成绩如何，你是否有收获？人生的意义不在于一次成绩，而在于对自己的超越。遇到困难时，不要害怕，更不要放弃，只要拥有正确的理想目标，不断调整心态，超越自我，就一定能够成功。

2. 满意的心境。

满意的心境源于正确的认识，一个人要做到一分为二地论人论事，因而既能接受自己，又能悦纳他人。要有自知之明，对自己的德才学识有正确的分析。在别人的评价中既不会被赞扬、鼓励冲昏头脑，又不会因批评、责备而烦恼，能从中吸取有益的东西。对生活、学习有正确的标准，既不好高骛远，也不急功近利，因而心境总是满意的、愉快的。

3. 和谐的人际关系。

乐于交往的人往往能在相互交往中获得尊重、信任和友爱。这是因为他们以同样的态度对待别人，因而减少了很多不必要的矛盾。与人为善的人能够与大家互相理解，彼此感情融洽，协调一致，相互配合默契。

4. 良好的个性，统一的人格。

良好的个性是健康心理的重要标志，无论在什么情况下都应保持统一的人格，做到自信而不狂妄，热情而不轻浮，坚韧而不固执，礼貌而不虚伪，灵活而不油滑，勇敢而不鲁莽。要不断完善自己的人格，始终保持坚强的意志，诚实、正直的作风，谦虚、开朗的性格。

需要说明的是：心理健康并非是超人的非凡状态，也不一定在每一个方面都有表现，只要在生活实践中，能够正确认识自我，自觉控制自己，正确对待外界影响，使心理保持平衡协调，就已经具备了良好的健康心理。

最后，希望良好的心理成为我们生活的常态。学会快乐，让我们在人生的道路上找到幸福，载负着愉悦，感受世间的美好；学会尊重，让我们在尊严和责任中无愧于美丽的价值；学会感恩，让我们在善良和真诚中稳健前行。在任何环境下都感到人性之美，感受人类心灵的博大与深邃，感受人类所创造的辉煌文化，唤起我们对未来的热烈憧憬和光明正直的期盼，用正确的眼光审视生活，洞察人生，让健康的心理成为实现我们人生价值的保证。

第十一章

忏悔与感悟

面对冰冷的判决，想想家中白发苍苍的父母、泪落红装的娇妻和嗷嗷待哺的孩子，多少人悔恨不已。在生命最后的几个钟头里，他们写下忏悔的心声。

（一）

> 他是一个年仅 22 岁的青年，年少无知的他在金钱的诱惑下参与贩毒，对他来说，生活很长，但生命已短。
>
> ——编者按

我是将要离开这个世界的死刑犯，在临刑之前，我有千言万语不知从何说起。说心里话，我很不想死，因为我在人世间才活了 22 年。然而，我的罪行苍天难容、法理难容。

在我短暂的一生中，没有光荣的经历，却有洗不清的耻辱和罪恶。如果我能想到今天的下场，我肯定不会去干那些伤天害理的事情。

我从小就不爱上学，既不听家长的话，也不听老师的话，爱逃学，好打架，拿起书本就打盹。仅小学二年级就读了几年，到 15 岁，还是个小学二年级的学生，没有学到一点文化知识，对社会的人伦道德、社会公德一窍不通，更不知道什么是法，什么是违法，只知道享受，想干啥就干啥。15 岁时，爸妈看我在学校实在不成个样子，就给我买了几头猪，让我上山放猪。刚开始，我还觉得挺不错，每天把猪往山上一赶，它吃它的，我玩我的，无人管教倒也痛快。就这样，我安人息事地在家里养了三年猪。

到了第四年，也就是我 19 岁那年，由于人长大了，想法也不一样了，便开始谈恋爱，结交起女朋友来。在农村，搞对象总少不了进城逛逛，而且每次进城总免不了要花钱，没钱怎么办呢？为了不在女朋友面前丢脸，在男子汉虚荣心的驱使下，我偷偷地将家里的猪卖了一头，卖猪所得的 850 元钱三五天就被我花了个精光。事后，爸妈问我：“怎么少了一头猪？”我说：“在山上不小心丢了一头。”他们就信以为真，这就是我为了钱第一次跟爸妈说假话，用欺骗的方法取得了他们的信任。

有了第一次，就可能有第二次、第三次……就这样，我用欺骗爸妈的方法，过一段时间就卖一头猪，以满足我结交女朋友的需要，不长时间，我放的几头猪就卖得差不多了，直到爸妈发现问我：“猪不是丢了，是不是被你卖了？”爸妈为了教我学好，把我关在家里痛打了一顿。妈妈是个软心肠，有时甚至跪在我的面前，苦口婆心地劝我，求我以后听话走正道，不要走邪路。我看爸妈很可怜，便答应以后一定要改，老老实实在家干活，再不乱跑了。

从此以后，我确实好了一段时间，平时在家干活，农闲时在家收破烂、废品，不到半年的时间，便给家里交回了 200 多元钱。如果我能坚持下去，也不会落得今天这个地步。但是好景不长，我虽然在家干活、收废品，但心里总是想着外面的花花世界，想到外面去见识见识。正在这个时候，我的女朋友又来找我，我就从家里偷了 500 元钱与她到城里去逛，不是看电影就是看录像、下饭馆、逛商店，不到几天的时间，钱就花光了。回家之后，爸爸把我痛打了一顿，我不但不向他低头，反而一气之下偷了爸妈 2700 元全部积蓄，同一些不务正业的人去城里逛去了，每天东游西逛，吃喝玩乐，不到 50 天时间钱就全部花光了。

爸妈辛苦攒的准备为我结婚的一点钱，被我偷光花尽，而我挣钱尚无门路，强烈的金钱占有欲使我急得团团转。没有钱我该怎么办？没钱，就满足不了我花天酒地的生活。钱逼得我走投无路、心急火燎。这时，如果我能够回到家里安心干活，也不会落得今天这个地步。但是，我没有回过头来。为了能搞到钱，我苦思冥想，坐卧不安。在最困难的时候，他们找上门来说想做摇头丸，让我参与。为了赚点钱，在不知不觉中我就参与了整个活动，巨大的利益让我从此走上了一条不归路。

被捕入狱后，我自认为问题不大，大不了罚点钱，最多判上十来年刑。经过在看守所学习法律知识，越学越觉得问题严重，越学越觉得我的罪行天理难容，但是万万没有想到竟然会判处我死刑。听了宣判后，我几乎要发疯了，我不相信自己的耳朵，我更不相信这是事实。然而，不相信也得相信，判决书上白纸黑字写得清清楚楚。

俗话说：鸟之将死，其鸣也哀；人之将死，其言也善。我在这个世界上仅仅活了22年就要进入另一个世界了。那是谁也不想去的地方，但人人都得去，只是去的时间和方法不同，像我这样的去法是不光彩的，钱不但没有使人过得幸福，反而断送了我一条年轻的生命。死神到来之前，我思绪万千：年迈的父母，谁来为你们养老送终？我的幸福在哪里？我死后，有人为我哭吗？父母大人此时是什么样的心情，他们会为我掉泪吗？我那位女朋友会不会为我而惋惜呢？我想，他们不会的，肯定不会的，我的行为令世人所唾弃，这杯苦酒是我自己导演、自己酿造的，最终还得自己咽下去。那么，我的人生是一条什么样的路呢？我突然想起了一位诗人写人生的小诗：

人生
从自己的哭声中开始，
在别人的泪水里结束。
这中间的时光，
就叫作幸福。
人活着，
当哭则哭，
声音不悲不苦，
为国为民啼出血路。
人死了，让别人洒下诚实的眼泪，
数一数，那是人生价值的珍珠。

我的生命值多少钱呢？这虽然无法明码标价，但我想，像我这样的人死了以后，我的骨头恐怕连狗都不会啃的。我的一生虽然短暂，但却是卑鄙的一生，龌龊的一生。

我生在农村，长在农村，是改革开放才使我得以从土地上解放出来，走向社会，谋求致富。如果我能根据自己的实际情况，找一个适合自己的职业，靠双手辛勤劳动、发家致富的话，也不会落得今天这个下场；如果我能听从父母的规劝，及时回头，安分守己地收废品，不跟女朋友到城里东游西窜，也不会走到今天这步田地；如果我不伙同他人干那些伤天害理的事情，也不会有今天的下场。

青年朋友们，如果你们也有与我类似的经历，希望你们及早回头，不要瞻前车之既履，忘改辙于后尘。如果沿着我的这条路滑下去，到头来将不可收拾，下场将不堪设想，希望以我为鉴，选择好人生之路。也许我的死能够挽救或者警醒一些像我这样的青年，如果真的是这样，我死后也就心满意足了。

今天下午，法院正式下达了我明天执行死刑的命令，我的生命此时此刻只能以时、分、秒来计算了，我是多么地留恋这短暂的22个春夏秋冬啊！

所有爱过我、恨过我的人们，我对不起你们！此时我才感觉自己是多么的渺小和可悲，此时我方知在这个世界的日子太短暂了。

永别了，美好的世界！

永别了，我曾伤害过的人们！

永别了，生我养我的父母！

——6月7日绝笔

（二）

他是一家之长，迫于生活的压力而走上不归路，在接到判决书后，他给家人写下了遗书。

——编者按

“亲爱的儿子，你好，爸爸这是最后一次这样叫你们，也是最后一次给你们写信了。你们一定要好好读书，听妈妈的话，要做一个有出息的人，千万不要像爸这样，千万千万不要做违法犯罪的事。”

“香儿，我真的想你能过好一点，你这个人善良老实，吃苦耐劳，又勤俭持家，可惜你嫁错人了，嫁给我这么一个不争气的老公。”

“妈妈，亲爱的妈妈，其实我一直都是一个很听话的孩子，那些与我打过交道的人没有一人不说我老实本分，然而，就是你这个老实本分的儿子却作出了伤天害理的事情，不仅害死了一个无辜的人，还将一个无辜的家庭推向一个无比悲痛的深渊。再有十多个小时，妈妈，亲爱的妈妈，我的生命就将终结了，我可以想象你的痛苦情形。但是妈妈，我希望你尽快忘掉悲哀，尽快忘掉你这个无知的儿子，我希望来世能够重新做你的儿子。永别了！”

——不孝儿艾强绝笔

（三）

一封家书、一份亲情和一生难以报答的养育之恩，不要等失去了才知道珍惜。

——编者按

亲爱的、敬爱的爸妈：

原谅儿的不孝，以后不能再孝敬你们了。爸妈，儿首先在这里向你们磕头谢罪，儿真的很惭愧，身为长子、兄长，没能尽孝，还带给你们种种伤痛和数不尽的泪水。没能好好爱护弟弟，还连累害了他，儿对不起你们，如果时光倒退，不知能否挽回得了儿的不孝不义。此刻儿好乱，心好痛，好似泪水盛满了心要裂开一样，儿真的舍不得你们，好想你们。

儿以前不明白亲情、自由、平安、健康是多么的宝贵，以前儿眼里只有金钱，最向往的也只有权力，从来都没感受到过人生还有那么多美好的事物，值得去珍惜。现在知道眼前所拥有的平凡一切是无所能及的，已经晚了，好希望这一切都能像儿时做梦一样，一觉醒来什么都没发生过，那一刻不知有多美好，我还可以和家人一起团团圆圆、开开心心地享天伦之乐。儿还可以与爸妈贪贪嘴，还可以和弟弟他俩吵吵闹闹，那是多么的幸福温馨啊。只可惜后悔已晚，一切都随着生命离儿远去了。爸妈，你们不要悲伤，一定要平安地生活，不然儿到哪都无颜面对你们的，儿已经让你们伤痕累累了，儿真的好怕，好怕你们再受到任何伤害，为什么现实要这么残忍无奈？爸妈，千万不要为我这不孝儿伤心，更不要哭，儿早已让你们流尽了泪水，深深刺痛了你们的心，或许这样做很难，你们会觉得不公平，但这是儿应该要承担的。儿等这天很久了，觉得很轻松，终于可以解脱了。

弟弟他们还很需要你们，弟弟需要亲情，很需要你们的鼓励，他才能好好改造早点出去与你们团聚。请你们不要想太多，不就是死吗？并不可怕，闭上眼就过去了，只是儿有太多的遗憾了，遗憾以前不懂疼爱弟弟他俩，没能好好关心孝顺你们，你们辛辛苦苦把我们养大，儿却伤害了你们。爸妈，恕儿无知不孝，如果再回到从前，能够弥补儿的不孝与过错无知，儿一定会做好为人子的本分孝道，不会再让你们牵挂担心，但这一切都不复存在了，只希望时间可以快速地抹去心灵的创伤，冲淡不堪的记忆，这样你们就可以忘掉这一切的不幸了。

爸妈替不孝儿好好照顾自己的身体，要是想儿了就去看看弟弟，希望弟弟他们能抚平儿给你们留下的伤痛，只要你们都过得好，儿也就无牵挂了。你们和弟弟的欢声笑语是儿最大的安慰，儿也就知足了。爸妈里面还有一封信是给弟弟的，等到他去了劳改场以后帮儿把信转寄给他。有来生再做你们的儿子了，儿走了，儿会把所有的不孝与罪恶也一起带走，永远保佑你们和弟弟一生开心快乐、幸福安康。爸妈保重啊！

——不孝儿：李南子

（四）

熟悉的乡音萦绕在脑海中，它包含了童年的美好回忆，这是家的温暖。

——编者按

我听到飘曳进来的歌声了，好像是《梦驮铃》，多么熟悉的旋律呀，我想起了经常帮助我家的十四叔、十四婶了，我们那个家虽然很穷，但是大家都很互相关怀，大家都感到很快乐，没有歧视与蔑视，从来不知道什么是人格践踏。我很想和陶渊明那样，就永远生活在我那个村子里，天天看着清澈的流水，望着袅袅的炊烟，写着清新的诗歌。呵！那多美好呀！可是现在……只好等来生了。爸爸妈妈，对不起了！儿子不孝，儿子来生一定让你们过上好日子，警察又来提审我了，我总听到外面摩托车的声音，为什么总是那么飞扬跋扈。我怀念十哥开的摩托车修理店，在我印象中那是很赚钱的，十哥骑摩托车很英姿飒爽，那摩托车的声音是那样的婉转清脆！我仿佛又坐在十哥的摩托车上了，慢悠悠地行走在我可爱、纯朴、亲切的家乡！